Ⓢ新潮新書

百田尚樹
HYAKUTA Naoki

鋼のメンタル

JN152662

679

新潮社

まえがき

「私は生まれつきメンタルが弱くて――」

と言う人がよくいます。これは大きな勘違いです。メンタルというのは実は鍛えられるものなのです。

「百田さんはどうしていつも炎上するようなことを言うのですか？」

これは私がいつも人から訊《き》かれることですが、私にとっては言いたいことを我慢するストレスよりも、言って叩かれるストレスの方が楽だからです。

そう答えると、たいていの人がまた不思議がります。そしてこう訊きます。

「叩かれるのは辛くないんですか？」

もちろん私も人間ですから、他人から、あるいはメディアやネットから叩かれるのは楽しいことではありません。政治家でもない一民間人で、しかも何ら法律違反をしていないにもかかわらず、ここまで全メディアから叩かれた人間も珍しいのではないでしょうか（バッシングの詳細は同じ新潮新書の『大放言』に詳しく書いています）。

もちろん滅茶苦茶に不愉快ですし、時にはへこむこともあります。でもそれは耐えられることなのです。家族も含めて周囲の人は、それが理解できないと言います。ですが、私の目には、世の中の多くの人は叩かれることを異常に怖がっているように見えます。あるいは、嫌われることを極度に恐れているように見えます。

皆さん、よく考えてみてください。メディアでいくら叩かれても、悪口を言われても、罵倒《ばとう》されても、命まで取られるようなことはまずありません。

私はネットでもよく炎上します。ここが私のおかしなところなのですが、暇なときはネットで自分の悪口を探して読みます。もちろん積極的にそういうことはやりませんが、退屈しのぎに悪口を検索して、それを読んで大笑いしていることもよくあります。

ある日、たまたまその光景を見ていた家内が呆れたように息子に言いました。

「父ちゃん、信じられへんことしてるなあ」

それを聞いた息子が応じました。

「ほんまやなあ。もし僕やったら、しばらくパソコンに近寄るのも嫌になるのに、自分で自分の悪口検索して読むなんて、真似でけへんわ」

「若い時から変わった人やったけど、あの神経はいまだに理解できないわ」

「うん、あれは鋼《はがね》のメンタルやで」

後日、この話を新潮社の某名物部長にしたところ、彼女は「鋼のメンタル」という言葉に喰《く》いつきました。そして、続けてこう訊きました。

「百田さんのそのメンタルの強さはどうやって出来たんですか?」

彼女が言うには、世の中には強い心を持ちたいと思っている人が多いはずというのです。いつでもどこでも好きなことを言い、評判やバッシングなども気にしない「鋼のメンタル」を身に付けたいと願っている人が実に多いと。彼女は、どうすれば百田さんのように強いメンタルを持てるのか――それを本にしてほしいと言いました。

最初、私は断りました。というのも、世間の人からは鋼のメンタルの持ち主に見えるようですが、実はそこまで強い精神力など持っているわけではありません。ささいなことで悩んだり、くよくよしたりはしょっちゅうです。それに、心理学者でもない私がメンタルのことなど語れません。

ただ、図太さだけは少し自信があります。とはいえ、生まれた時から図太かったわけではありません。小さい頃はどこにでもいる普通の弱い男の子でした。

冒頭でも述べたように、実はメンタルは鍛えられるものなのです。同様に「打たれ強さ」も鍛えられるものです。でも多くの人はそれを知りません。

私は昔から口が悪く、小さい時からそのせいで散々痛い目にあってきました。おまけにいつも考えが浅く、やることなすこと失敗ばかり。そのたびに落ち込んできました。もしかしたらそうした生き方が、知らず知らずの間に私の図太さを作りだしていたのかもしれません。

名物部長に促《うなが》されるままに、私自身のそうした経験と考え方を話すと、彼女は「百田さんのメンタルの強さの秘密を見た！」と声を上げました。そしてこう言いました。

「まさに目から鱗《うろこ》の話ばかり。是非その話を本にしてください」

というわけで、『大放言』に次《つ》ぐ、二冊目の書き下ろし新書を出すことになりました。目から鱗の本になったかどうかはわかりませんが、一風変わったメンタル本になったことはたしかです。

もし自分の心の弱さを克服したいと思っている方が、この本から何らかのヒントを手に入れることができたなら、それにまさる喜びはありません。

鋼のメンタル ● 目次

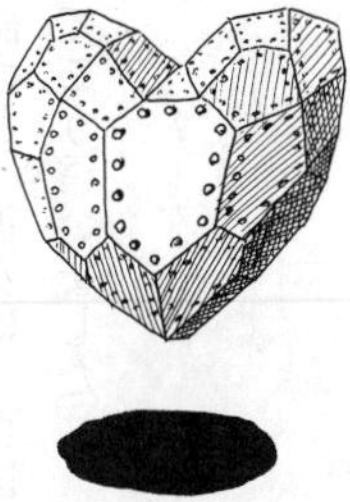

第三章　心の立て直し方

第四章　精神の解毒法

第五章　鋼の処世訓

第六章　「成功」の捉え方

第一章　打たれ強さの鍛え方

人は自分が思っているよりも強い

悪口を異常に怖がる人たち

誰だって人から叩かれたり、悪口を言われたり、嫌われたり、仲間外れにされたりするのは嫌なものです。もちろん、私も嫌です。

ですが現代人は、そのことを異常に怖がってはいないでしょうか？　多くの人が他人に嫌われることを恐れて、言いたいことも言えず、やりたいこともやれず、いろいろなことを我慢して生きているように見えます。おそらく、そうなった時のことを想定すると、「とても耐えられない」と考えているのではないでしょうか。いや、もしかすると想定する以前に、「絶対に耐えられない！」と決めつけているのかもしれません。

でも、それは間違っています。人間の精神力は自分が思っている以上に強いものです。人は皆、自分は打たれ弱いと思い込んでいるだけなのです。

人間とは不思議なもので、自分が打たれ弱いと思っていると、実際よりも打たれ弱くなります。いや、それでは少し説明不足ですね。実際は、打たれ弱いと思い込んでいる人は、打たれることから徹底して逃げているのです。実際には打たれていないのに、ちょっと何かが当たっただけでやたらに痛く感じ、「もし次に強烈なパンチを食らったら、間違いなく倒れるだろう」と一層怯えることになるのです。しかし実際に打たれてみると、これが意外にどうということはないことに気付くでしょう。

「あれ、もっと痛いと思っていたけど、案外、平気じゃないか」という具合です。

でも、叩かれることを恐れるあまり、徹底して逃げ回っている人は、もしかすると一生そのことに気付かないままに人生を終えるかもしれません。そういう人が最晩年に自分の人生を振り返った時、どういう思いを抱くのでしょうか。

「ああ、一度も強烈なパンチを食らうことのない人生でよかったなあ」

と安堵《あんど》するのでしょうか。なんとなくですが、私は逆ではないかという気がします。

「ああ、たった一度しかない人生、もっと好きなことを言って、やりたいことをやればよかった」

そう考えるのではないでしょうか。

すみません、少し踏み込みすぎたようです。人が人生の最晩年にどういう思いを持つかは私にはわかりません。

話を「打たれ強さ」に戻しましょう。実は人間の精神力は意外に強いというのが私の考えです。もし悪口を言われたくらいで、あるいは罵倒されたくらいで、立ち直れないような打撃を受けるなら、人類なんて何万年も前にとっくに滅んでいます。

人間関係に怯えるのは無駄

人類は誕生以来、凄《すさ》まじく過酷な環境で生きてきました。飢餓《きが》、疫病《えきびょう》、戦争は常に身近にあり、しかも生死に直結する恐ろしいものでした。つい百五十年ほど前の江戸時代には、飢饉《ききん》になると一挙に何十万もの人が飢えて死んだのです。当時のほとんどの人が生命を維持できるぎりぎりの栄養で生きていて、病気になればすぐに死にました。今なら抗生物質や手術で治せる病も、最近までその多くが治療法もありませんでした。盲腸（虫垂炎《ちゅうすいえん》）でさえ命とりの病気でした。足を骨折すれば一生障《しょう》碍《がい》者の可能性が高いし、白内障になればほとんど失明に近い状態でした。

近代に入ってさえ、七十年前は大戦争がありました。多くの日本人は毎日、空襲に遭《あ》っていたのです。嘘のような話ですが、夜、寝ていると、空から爆弾が降ってくる中で暮らしていたのです。そうして命を失った人は八十万人にものぼります。家を焼かれた人も何百万人もいました。地獄の戦場で命を失った人は二百三十万人もいたのです。

幸いにして現代の日本人は、戦争や飢餓とは無縁の生活を送っています（今のところは）。病気も医療の発達でかなり克服されました。こんな幸福な国民があるでしょうか。人類が何万年も苦しんできた三つの厄災から、ほぼ完全に逃れることができたのです。さらに言えば、奴隷制度もなく、人身売買もありません。私には、現代の日本は人類が何万年も追い求めてきた「地上の楽園」を実現させた世界のように思えます。

にもかかわらず、現代人を見ていると、少しも幸福そうに見えないのです。飢餓も病気も戦争も奴隷制度も人身売買もない世界にいて、人間関係のようなものに怯えるのは無駄としか言いようがありません。

敢《あ》えてもう一度言います。人間の精神力はあなたが思っているよりもずっと強いのです。

打たれ強さは鍛えられる

精神力はトレーニングで鍛えられる

まえがきでも少し書きましたが、「打たれ強さ」は実は鍛えられるのです。

精神は筋肉と似ています。トレーニングによって筋力やスタミナが鍛えられるように、精神力もトレーニングによって鍛えられるのです。

子供の頃を思い出してみてください。ささいなことで泣いていたでしょう。親にちょっと怒られただけで、まるでこの世の終わりみたいな気がしませんでしたか。でも、やがてやんちゃなガキに成長すると、親に叱られたくらいでは平気の平左になります。

私は子供の頃から親の言うことをきかない子供でしたから、親の叱り方もどんどん厳しくなっていきました。それに比例して耐久力もどんどん強くなっていくのです。すると親は少々の怒り方では足りないとばかりにますます強く叱る。するとこちらもまた耐久力が増してくる。そのうちに私の母は、本気で怒ると箒《ほうき》の柄《え》で突いてくるようになりました。ちなみにこれで腹を突かれると相当痛いです。私のケースは少し特殊だったかもしれませんが、人間は成長するにしたがって精神力も強くなってくるということを言いたかったのです。

ただ、最近の若い人は怒られ慣れていない人が多くなったと聞きます。そういう若者は会社の上司などに少しきつく叱られると、途端に鬱《うつ》状態になったり、出社拒否状態になってしまうといいます。おそらく精神力を鍛えるべき時代に全然鍛えてこなかったのだと思います。

残酷なことを言うようですが、成人してから、会社の上司に叱られたくらいで鬱状態になってしまうような人は、もはや手遅れです。残念ながら、この本を読んでも強くはなれないと思います。生まれた時からまったく運動をしたことなく大人になった人に、いきなり激しいスポーツをさせるのは無理な話です。そういう人は、まずゆっくり歩く練習から始めるべきです。書店には多分そういう本もあるはずです。

耐久力が増すのは細菌だって同じです。人間が細菌を殺す特効薬を開発すると、細菌は最初壊滅《かいめつ》的な打撃を受けますが、そのうちに薬に耐えることの出来る細菌（耐性菌）が生まれます。すると従来の薬では効かないので、人類は新たな薬を開発することになります。するとまたもそれに耐えることの出来る細菌が生まれるのです。

私はこの話を聞くと、なぜか勇気を感じます。顕微鏡でしか見えない細菌でさえ、薬に対抗するために自らを鍛え上げているのです。実際には何度も繰り返す突然変異によって偶然に耐性菌が生まれるということですが、私はそうは思いません。おそらくDNAの奥深くに「このままでは我々は絶滅する。何らかの進化の方法を探らねば未来はない!」という命令が下されて、進化の切り札が使われているのだと思います。

話が脱線しましたが、誰だって怒られるのは好きではありません。怒られたらへこみもしますし、しばらくは元気も出ないでしょう。しかしそこで大事なのは踏ん張ることです。「なにくそ、こんなことくらいでめげてたまるか」と奮起することです。精神の耐久力はこの時につくのです。

筋力も同じです。筋トレをすると疲れます。そこでやめると永久に筋肉はつきません。しんどいと思ってから、もうひと踏ん張りする。筋力もスタミナもその時につくのです。最初は腕立て伏《ふ》せが十回しかできなくても、頑張って十一回目に挑戦する。できなくても挑戦することが大事なのです。するといつのまにか十一回できるようになっている。でも十二回目は苦しい。それでも、そこで頑張っていると、やがて二十回以上できるようになります。しんどいからといって十回でやめていたら、永久に二十回はできません。

精神も同じです。

「最初はへこんだけど、よく考えたらどうってことはないや」

そう思えた時、実は精神の耐久力が一つアップしているのです。その反対に、叱られた時に、そのことから逃げてしまったり、不愉快な思い出だからと心の底に封印してしまったりすると、耐久力はつかないどころか、より弱くなってしまいます。

人間の体の器官は使わないとどんどん弱くなる性質があります。病気で何ヵ月か寝たきりだと、あっというまに歩けなくなるそうです。男性のあの部分も年を取って使わなくなると急速に衰《おとろ》えるそうです。女性の子宮も昔の人はしょっちゅう子供を産んでいましたから、四十歳を過ぎても普通に妊娠して出産していましたが、現代の女性はそれに比べて機能的な衰えが早いといいます。頭もそうで、老人になってものを考える習慣をやめると急速にボケが進むといいます（廃用性痴呆というそうです）。

それと同じように、精神力も使わないとどんどん弱くなるのです。

言いたいことを言っても最悪はクビ程度

そうはいっても会社や組織で、言いたいことをなかなか言えない気持ちはわかります。

でもたとえ相手が上司でも、本当に言いたいことは言うべきだと思います。

それで上司の不興を買っても、運が悪くて左遷《させん》されるか、地方に飛ばされるくらいです。「それが耐えられないのだ！」とおっしゃる方がいるかもしれません。そういう人に私は言いたい。それならば、あなたは一生、上司の犬になって生きたらいい、と。一回しかない人生、本当にそれでいいのですか、と。

すみません、ちょっと言葉が厳しすぎましたね。

言いたいことを言って想定できる最悪の事態は何でしょう。せいぜい「クビ」くらいでしょう。こんなことを書けばまたまたサラリーマンの方から、「それくらいとは何だ！」とお叱りを受けるかもしれません。

でも、私に言わせれば、会社をクビになることすら、人生の最悪ではないと思っています。新聞を見れば、リストラにあった人や会社が倒産して職を失ったというニュースはいくらでも目にします。年末には、「今年倒産した会社は○○件」という文字が躍ります。つまり倒産件数の何倍もの人が職を失ったということになります。もちろんこれは大変なことです。

でも命まで取られたわけではありません。先ほども述べましたが、日本はつい七十年前まで、仕事どころか明日の命もわからない状況だったのです。私の父が戦争から戻ってきた時、会社はとうになくなっていました。でも空襲から免《まぬか》れて家が残ったのはラッキーでした（ひどいあばら家でしたが）。当時は家も仕事もない人がいくらでもいたのです。

父の弟は兄や母を食わせるために、米軍基地に食料を盗みに行きました。下手をすれば銃殺です。母は戦争中に父と姉を亡くしています。私は昭和三十一年生まれですが、幼い頃からそうした話を聞いて育ちました。その頃、父は大阪市の水道局の臨時職員でしたが、給料はめちゃくちゃ安く、母は近所の川で洗濯をしていました。嘘みたいな話ですが本当です。余談ですが、祖母は盗電が見つかって、罰金を払ったことがあります。その頃は低所得者用に夜だけ電気を使うという契約があったのですが、祖母はこっそりと電線から電気を盗んで関西電力の盗電発見係の人に見つかったというわけです。

こういう家に育ったものですから、私は仕事がないことや、会社で出世していくというようなことにまるで関心がない人間になりました。私にとって一番大切なのは家族であり、仕事は家族を喰わせていくためのものにすぎません。

私はちょっと変わったタイプかもしれませんが、仕事や会社を失うことを恐れるあまり、言いたいことも言えずにびくびくして生きている人たちを見ていると、そんな人生でいいのかなあと思います。
私は何もクビを懸《か》けてものを言えと言っているのではありません。たとえば会社の中で、言いたいことを言ったとしても、その最悪の状態が、せいぜい「クビ」ということを言いたかっただけです。実際には、発言くらいでクビになるようなことはまずありません。「幽霊の正体見たり、枯《か》れ尾花《おばな》」です。

ただ、ここで一言申し上げたいことがあります。「打たれ強さ」と「厚顔無恥《こうがんむち》」は似て非なるものだということです。最近、世間を騒がせた某知事のケースは後者です。彼は精神力が強いのではなく、「恥」とか「みっともない」という感覚が欠如しているに過ぎません。政治家の中には、ほぼ黒とも思えるような疑惑をつきつけられても、決定的証拠が出るまでは平然と議席に居座っている議員も珍しくありませんが、これも同様です。日本語には、彼らに対してうってつけの言葉があります。「蛙のつらに小便」です。小便が顔にかかっても汚ないとも思わないのは、「メンタルが強い」のではなく、「感覚が異常」なのです。

バッシングを恐れるな

「いらんことを言う」の繰り返し

ここで私のことを少し話します。

私は持って生まれた性格的なことも大いにあるとは思いますが、幼い頃から一言も二言も多いガキでした。とにかく余計なことを言う（関西弁では「いらんことを言う」と言います）。それで小さい頃からよく周囲の人を怒らせてばかりいました。

それでもまったくの馬鹿というわけでもありませんから、「ここでこんなことを言うたら、怒られるやろうなあ」というのはわかっています。でも、言わずにいられないのです。もちろんその代償はいつもたっぷり払いました。親や親戚、学校の先生、近所の大人、それに年上の子供たち、同級生たちから、何度も痛い目に遭いました。

普通は何度かそんな目に遭えば、懲りて、今度からは言葉遣いに注意しようとなるのですが、私の場合はそれが裏目に出たのです。つまり、痛い目に慣れてしまったのです。「なんや、この程度のもんか。これくらいなら耐えられる。よし、今度からも好きなことを言ってやろう」という具合です。これが良かったのか悪かったのか、結果的に大人になってからもこの性格は治らず、今も方々で物議を醸す発言（活字も含む）を繰り返し、各方面から叩かれています。

朝日新聞、毎日新聞、東京新聞、それに北海道新聞、沖縄タイムス、琉球新報その他の地方紙やテレビ局などでさんざん叩かれるのは、やはりいい気分ではありません。民主党（現・民進党）、社民党、共産党も、私の発言を何度も非難し、国会で私を証人喚問しようという動きまでありました。さらに韓国の有力新聞「朝鮮日報」やイギリスの「エコノミスト」誌にまで悪口を書かれ、アメリカの国防総省や中国の報道官に名指しで非難されるに及んでは、「世界中で叩かれてるのかいな」とうんざりした気持ちになりました。

『大放言』でも書きましたが、それらの非難は実は私の発言の一部を切り取ったものや、あるいは悪意で捻じ曲げたものです。しかし「それは違う！」という私の声は、多くの人には届きません。大新聞やテレビ局のマスメディアには対抗しようもないのです。

こういうバッシングが続くと、さすがの私も落ち込みます。

具体的被害を調べてみる

普通の人なら、「これからはもう少し発言に気を付けよう」となるかもしれません。

しかし私がその前にしたことは、バッシングによる被害状況を調べることでした。

それは具体的にはこういうものです。①私の精神的苦痛、②家族の精神的苦痛、③（悪評による）本の売り上げ減、④講演依頼の減少、⑤テレビ出演の減少、⑥周囲の人が離れていったことなど。

まず私の精神的苦痛ですが、これはどうということはありません。ものすごく不愉快で腹立たしいですが、何とか我慢できるレベルです。次に家族ですが、うちの家内も子供たちも図太くできていて、「父ちゃんはしゃあないなあ」と呆れている始末です。

問題は「本の売り上げ減」です。これは金銭的には痛手ですが、ただちに生活が苦しくなるというものではありません。その金が欲しいばかりに言いたいことを言わないというのは、それほど情けない人生はないと思いました。「講演依頼の減少」も「テレビ出演の減少」も同じです。そんなものが減ったところで、たいしたことはない。もともと講演もテレビ出演も、オファーされた半分以上は断ってきたのです。それに、でたらめな報道を真に受ける人から敬遠されても、痛くもかゆくもありません。

で、結論はというと、これからもどんどん好きなことを発言していくということになりました。

皆さんの中には、「精神的苦痛はどうということはないって、信じられない」と思われた方も少なくないかもしれません。たしかに大新聞やテレビで自分の悪口を言われれば、たいていの人はへこむどころではないかもしれません。ですが、よく考えてみてください。仮にあなたが新聞やテレビやネットなどでバッシングされたとして、それで会社をクビになったり、給料が下がったりしないかぎり、何か実害があるのでしょうか。自分のことを何も知らないあかの他人にどう思われようと、何の問題もありません。もしあなたの友人が報道を真に受けて「お前とは付き合いをやめる」と言ってきたら、むしろそんな底の浅い友人と縁が切れて嬉しいと思えばいいのです。そう考えると、マスコミやネットでバッシングされても何でもないということがわかるでしょう。

一度嫌われてみよう

これは実生活の人間関係でも同じことです。世の中には、自分の評判ばかり気にして言いたいことも言えない人が多すぎるように思います。余計なことを言って、周囲の人の気分を損ねたらどうしよう、皆に変な奴だと思われたらどうしよう、ということばかり考えて、萎縮《いしゅく》している人です。そういう人を見ていると、いったい誰のための人生なのかと思います。

　自分にとって大切な人なら、大いに配慮すべきです。でも、自分にとってまったくどうでもいい人に対してまで神経を遣って生きるというのは馬鹿馬鹿しい限りです。

　しかも皮肉なことに、評判ばかり気にしていて言いたいことを我慢している人が、周囲の人に好かれているということはあまりないのです。その反対に、周囲の人から軽んじられるというか、取るに足りない人物と思われていることの方が多いのです。さんざん気を遣って、これでは何のために苦労しているのかわけがわかりません。

　みんなから「面白い奴」「尊敬できる奴」と思われるのは、どちらかと言えば、ふだんから言いたいことをずけずけ言っているタイプの人間なのです。たとえ少々失礼なことを口にしたとしても、周囲の人間はたいして気にはしないものです。いやむしろそうした開けっぴろげな性格の方が、かえって好かれるところもあります。嘘だと思ったら、周りを見渡してみてください。

　人に嫌われるなんて、そんなことは想像するだけで恐ろしいと思っている人も、実際に嫌われてみれば、全然どうということはなかったとわかります。皆さん、ベストセラーのタイトルではないですが、嫌われる勇気を持ちましょう。いや、どしどし嫌われる発言をしてみてください。すると面白いことが起こります。それは、あなたを嫌いになる人と同じくらい、あなたを好きになる人が出てくるということです。

これは会社でも同じです。職場で堂々と自分の主張をして、それで上司に嫌われても、そんなあなたのことは誰かが見ています。「捨てる神あれば拾う神あり」で、必ず誰かがあなたを拾い上げてくれるはずです。常に信念を持って発言する人は、憎まれることも多く、敵もできますが、一方で尊敬されることも多く、味方もできるものです。その反対に、主張も信念もなく、ただ誰にも叩かれたくないというだけの人は、敵も作らない代わりに味方もできません。そういう人は尊敬もされませんが、軽蔑される危険は常にはらんでいます。

敵も味方もいない人生よりも、敵はいるが味方もいる人生の方が、何倍も楽しいとは思いませんか。

闘争心を忘れたらおしまい

成功者は闘争心の持ち主

今の若い人と話していて感じることは、「闘争心がないなあ」ということです。人生で大事なものは沢山ありますが、その一つが「闘争心」だと思います。特に仕事には不可欠です。

私は職業柄、様々な分野で活躍している人たちに出会います。政治家、会社経営者、タレント、スポーツ選手、芸術家、などなど。それぞれがまったく異なった分野で、各自の性格も皆違います。ただ、成功している人には共通点があります。それは皆、大きな「闘争心」を持っていることです。

努力や鍛錬には、実は「他者に負けたくない」という心理が奥底にあります。一部の超天才や超オタクは別にして、人間というのは、誰かと比較できないものになかなか努力はできないものです。「人よりも優位に立ちたい」という思いが、努力や練習につながるのです。敢えて言えば、人類はそれがあるからこそ、進化してきたとも言えます。

一切の競争がなくなった社会では、何の進化もないでしょう。

たとえば政治家にとって戦いと言えば選挙です。対立する候補者に勝たなければ政治家にはなれません。したがって、闘争心のない無欲な政治家というものは存在しません。会社経営者も常にライバル会社のシェアとの戦いです。敗れた時は倒産ですから命懸けです。サラリーマンの日々の仕事もやはり戦いです。同僚の成績がまったく気にならないという営業マンなんか存在しないでしょう。出世などには関心がないという人でも、同期が全員課長になって、自分一人が係長なら、楽しくはないはずです。

スポーツ選手の戦いは言わずもがなでしょう。「一流アスリート」という称号はすべてのライバルを蹴落《けお》とした者に与えられるものです。

一見、闘争とは無縁にも見える芸術家やクリエイターと言われる人たちにも、やはり闘争心が必要です。他の芸術家よりも優れた作品を創り出したいという動機こそが、新しい作品を生み出すエネルギーとなります。革新的な作品、斬新な作品、エポックメーキングな作品を生み出す人たちの心の底には、他の芸術家に対する強烈な「闘争心」があります。そういうもののない芸術家は新しいものを創り出せません。

私のような三流小説家にも「闘争心」があります。それは常に新しいジャンルに挑戦したいというものです。もしその思いがなければ、ビジネス的に成功した自作品の二番煎じと模倣を繰り返していたでしょう。

もうひとつ「売れたい！」という思いも常にあります。出したかぎりは他の作家の誰よりも売りたいです。私は本を出す時に、いつも目標部数を設定します。目標を大きく上回れば「勝ち」、目標ぎりぎりなら「引き分け」、目標に大きく届かなかった時は「負け」です。残念ながら作家十年の戦績は勝率三割くらいです。目標数値を下げれば勝率も上がりますが、それでは意味がありません。最初から勝てると踏んだ戦いは、挑戦にはなりません。

敗者になることを恐れるな

ところが「闘争」は必ず勝者と敗者を生み出します。

オリンピックで金メダルを獲《と》れるのは一人だけです。二番目には銀メダルが与えられますが、これは実は敗者です。つまり一部のスポーツの世界では、一人の勝者以外は全員が敗者なのです。もっともこれは極端な例ですが、先ほども言ったように世の中のあらゆる分野に「戦いの場」があります。そこにはスポーツの世界同様、必ず勝者と敗者が生まれます。

これは選挙でも、テレビの視聴率競争でも、大学受験でも、子供のゲームでも同じです。その戦いに参加すれば、敗者に陥《おちい》る可能性が常にあります。

世の中には「敗者になりたくない」という気持ちから、一切の戦いに参加しない人がいます。ゲームでさえやりたがらない人がいるのです。そういう人の中には、極度な負けず嫌いの人もいますが、ただ負けるのが怖いから参加しないという人も少なくありません。

たしかに「敗北」というのは心に傷を残します。勝ちたいという気持ちが強ければ強いほど、負けた時の痛みは大きい。

最近は、子供にそうした痛みを味わわせないという配慮からか、クラスで生徒たちの順位をつけないとか、運動会での徒競走を廃止するという学校も一般的になりました。私の子供が通っていた兵庫県の公立小学校では、徒競走はなく、その代わりに生徒全員リレーが行われていました。これでは第一走者を除いて、誰が速いのか遅いのかはまったくわかりません。要するに、子供たちに「敗北の痛み」を味わわせないというものでしょう。

しかし「敗北の痛み」を知らないで大きくなった子供は、はたして強い精神力を持った大人になれるのでしょうか。私にはとてもそうは思えません。

競争心が子供を伸ばす

話は少し飛びますが、以前、中学受験で有名な塾の経営者と話したことがあります。その塾は都内の有名中学の合格率が非常に高い塾でした。

その経営者は言いました。

「うちの塾に入ると、どの子も成績がぐんと上がります」

「それはなぜですか？　教える内容がいいのですか？　それとも教え方がいいのですか」

「それもあるでしょうが、実はそれはさほど重要なものではないのです」

「では、何が子供たちの成績を伸ばすのですか」

「競争心です」と彼は答えました。「他の子供に負けたくない、という気持ちが芽生えた時、子供たちは急激に伸びます」

その塾では、生徒たちの成績も順位も常に公開発表されているということでした。

私はその話を聞いて感心しました。一方で「ゆとり教育」の弱点を見た気がしました。子供たちに順位を付けず、闘争心も敗北の痛みも教えない教育は、実はすごく脆い人間を作っているのではないかと思ったのです。

「ゆとり教育」のもとで一切の競争も戦いもない公立小学校が「動物たちの楽園」だとすれば、前述の進学塾は「弱肉強食の世界」です。そんな世界で「負けること」は辛いです。自尊心は傷つき、打ちひしがれることになります。特に幼い子供にとっては残酷な体験です。しかし精神力というものは敗北によって鍛えられます。ならば、それは子供の時に経験しておくべきものではないでしょうか。

「敗北の痛み」を知らないで育った人は、いずれ大きな挫折《ざせつ》を味わった時に、それをはねのける力が備わっていないような気がします。それを次に語りましょう。

受験勉強は大いに意味がある

精神力を鍛えるという意味において、受験勉強にはある種の効果があると、私は思っています。

十代の多感な時期に受験のための詰め込み勉強ばかりに明け暮れるのがいいのか、また偏差値のみで人を測るのがいいのかなど、受験の弊害《へいがい》についてはもっともな意見も多数ありますが、私は二つの点で受験勉強の効用を認めています。

一つは、「楽しいことを我慢して、やらねばならない（と決めた）ことをやる精神力が身に付く」ということ。もう一つは、「挫折を知る」ということです。

私がここで語りたいのは二つ目の「挫折を知る」ことなのですが、その前に一つ目の効用についても話しておきましょう。

子供に自由を認める危険

人は好きなことばかりして人生は送れません。時として、好きでもないこと、やりたくもないことをしなければならない時があります。いや、実際はそれがほとんどです。

もっと寝ていたいから寝坊する。好きな仕事じゃないから手を抜く。上司が気に入らないから会社に行かない。ノルマが辛いから仕事をサボる——実生活でこんなことをやれば、おしまいです。

でも子供時代に「嫌なことでも頑張ってやる」ということを学ばなかった大人は、こういう当たり前の事さえするのが大変なのです。

その実例が世界の多くの発展途上国に見られます。

私の友人には東南アジア諸国で工場を経営している人たちが何人かいますが、彼らが口を揃えていうのは、「労働者が決められた時間に工場に来ない」と「平気でサボる」というものです。

実はそれらの国の多くは義務教育の制度がしっかりと根付いていません。法律として義務教育はあるのですが、子供たちの多くは学校に行きません。もちろん親の手伝いをするために学校に通えない子もいますが、全員がそうではありません。多くの子が好きな時にサボるし、宿題もやりません。そうして育った子供たちは、大人になって働くようになっても、なかなかその流儀を変えません。要するに、彼らの多くは子供時代に、「嫌なことでも我慢してやる」「決められたことはきちんとする」という習慣を身に付けてこなかったのです。

最近は日本でも物わかりのいい文化人やしたり顔のジャーナリストたちが、不登校児童や授業中に自由な行動をする生徒を認めるようなことを主張し、それが学校でも受け入れられ、教育現場が大変なことになっていると聞きます。子供時代に好き勝手なことをしてきた人たちが社会の大半を占めた時、日本は取り返しのつかない状況になっているかもしれません。

挫折の効用

少し脱線しましたが、受験勉強の効用の二つ目、「挫折を知ること」について話しましょう。

受験は競争ですから、当然、勝者と敗者があります。勝者になれば勝利の美酒に酔えますが、敗者となった者は惨めな屈辱感にまみれます。

やりたいことを我慢して好きでもない勉強を頑張ってきたのに、不合格になった時はやりきれない気持ちになります。努力は無駄になる上に、「(合格者と比べて)自分の能力は落ちるのか」という劣等感にも苛《さいな》まれます。こんなことを書けば、受験勉強のリスクは大きすぎる、敗者になった時にはいいことはなにもないではないか、と言われるかもしれません。

しかし、と私は言いたい。それでも受験勉強には意味がある、と。精一杯やったにもかかわらず、負けてしまったという挫折感を味わえただけでも、やった価値はあると思うのです。

敗北の痛みに耐える、屈辱感に耐える、劣等感に耐える――こうしたことが、その人の精神力を鍛えているのです。実は受験に失敗した程度のことは、長い人生ではどうということはありません。人生にはもっと大きな試練や壁が待っています。受験失敗以上に大きな挫折を味わうかもしれません。そうした時にものを言うのが精神力です。

ただ面白いのは、受験というのは奇妙なもので、偏差値のヒエラルキーの関係で、勝者と敗者とが微妙なことです。つまり、たとえば早稲田大学合格者は一般には受験成功者と見られていますが、第一志望の東大を落ちた者にとっては落胆の学校でしょう。逆に、実力以上の運で早稲田に合格した者にとっては、最高の喜びでしょう。そういうのを見ると、人生は面白いなあと感じます。同じ境遇（大学）にあっても、一方はそこに幸福感を持たないし、一方は幸福感に包まれる――人生の幸福を決めるのは、実は環境ではなくて心なのだとわかります。

挫折を知らない人が挫折を味わうと

さて、受験で挫折を味わうのは悪いことではないと書きましたが、受験で挫折を味わわなかった者は、敢えて皮肉な言い方をすれば、挫折を味わうチャンスを逃したことになります。

少し話がずれますが、二十五年ほど前、鳴り物入りで「ＡＯ入試」というのが登場しました。これは何か特技のようなものを持っていれば、一般の入試を免除されて大学に入れるという画期的なシステムでした。詰め込み式の受験優等生にはいない個性豊かな学生を取り入れることができるということで、各大学が次々にこの入試方法を採用しました。

しかし現在、多くの企業では、「ＡＯ入試で大学に入った者は仕事で使えない者が多い」というのが常識になりつつあるといいます。

私に言わせれば、そんなこと最初からわかっていることじゃないかと思います。ギターが好きな若者はギターが好きで弾いていただけで、ケン玉が得意な若者はケン玉が好きでやっていただけのことです。ボランティアをやっている若者は、それが楽しくてやっていたにすぎません。

自分の好きなことだけをしていて、それが受験勉強の代わりになるなら、こんなにいいことはありません。でも、仕事は好きなことばかりするわけにはいかないのです。

話を挫折に戻しましょう。

国内における受験ヒエラルキーの最高峰は東京大学です。その東大文Ⅰには全国の文系受験者の選りすぐりが集まります。その中でもさらに優秀な学生は、超難関の国家公務員試験に合格しますが、その合格者の上位者だけが財務省に入省できます。噂では、財務省に入るにはベスト20に入っていなければ難しいと言われていますが、次官クラスに出世できるのはベスト10以内の者とも言われています。私のような劣等生には想像もつかない世界です。

つまり財務官僚とは日本で一番勉強ができる者たちの集団です。敢えて言うならば、「挫折」など一度も味わったことのない者たちの集まりです。

そんな超エリートが集まる財務省ですが、前身の大蔵省時代から日本でも有数の自殺率の高い職場として知られています。

財務省は入ってからも恐ろしいまでの競争社会です。その過酷さは民間企業の比ではないと言われています。また仕事も激務です。そして三十歳くらいから、片道切符でどんどん出向させられていきます。もちろん出向させられるのは出世競争に敗れた者たちです。

皆さん、想像してみてください。子供の頃から一度たりとも競争で負けたことがなく、挫折など味わったことのない者が、大人になって、初めて致命的な敗北を味わった時の絶望感を。

実際に自殺された財務省の人たちがどういう理由で死を選んだのかは知りません。それぞれに理由はあるでしょうし、ひとくくりにはできないことでしょう。ただ、私には過酷な競争社会ゆえの厳しさが背景にあるのではないかと思います。それまでの人生の中で一度も挫折を味わったことがないゆえに、敗北による挫折に耐えられないということもあるのではないかという気がするのです。

財務官僚は特殊な話かもしれませんが、似た話は周囲にもわりにあります。挫折を知らない人が、大人になって大きな挫折を味わい、一気に駄目になったというのはよく見る光景です。

皆さん、挫折はどんどん味わうべきです。そのためにも、どしどし闘争を挑もうではありませんか。

第二章　挫折との付き合い方

負けることもまた楽しい

敗北が勝利の価値を上げる

前章の終わりに挫折の効用のようなものについて書きましたが、実際に人生の様々な場面で敗北を喫《きっ》した時のことを考えてみましょう。

負けることを嫌がる人は多い。誰だって負けるのは辛いものです。勝利は楽しいですが、敗北は惨めなだけで得るところは何もありません。

ところが、実は敗北が辛くて悔しいからこそ、勝利が楽しくて心地よいということを多くの人は忘れています。負けても悔しくない勝負は、勝っても楽しくはないのです。友人と暇つぶしにジャンケンして勝っても、それほど面白いことはないでしょう。もちろん負けたってたいしたことはありません。でも、一万円賭けてのジャンケン勝負となれば、勝った時の喜びははかりしれません。もちろん負けた時の悔しさもひとしおです。プロのテニスプレイヤーだって、練習試合で勝ってもたいして嬉しくないでしょうが、全英トーナメントで勝てばアドレナリンも大放出です。要するに、勝利の喜びと敗北の悔しさは完全に反比例するのです。

世の中には負けることを恐れて、試合に参加しない人が少なくありません。この場合の試合というのは比喩であって、あらゆる競争と置き換えてもかまいません。

でも繰り返しますが、負けるのが悔しくて惨めだからこそ、勝った時の喜びが大きいのです。

負けを恐れては何も手に入らない

負けることが嫌でタフな戦いを挑まないというのは、勝利することもない――つまりは成功も手に入れることができないということになります。

世の中にはあらゆるジャンルに多くの成功者がいます。彼らに共通するのは、負けることを恐れずに戦いを挑むことです。成功した企業家には、過去にいくつも倒産を経験した人が少なくありません。自分の会社が潰れるというのは大変なことです。倒産の前には業績悪化に苦しみ、次に資金繰りに奔走《ほんそう》し、そして倒産後は債権《さいけん》者に追いまくられることになります。私の友人でも自分の店や会社を潰した人が何人かいますが、口を揃えて「二度と味わいたくない地獄のような苦しみ」だと言います。しかし世の中には、そういう経験を何度もする強靭《きょうじん》な精神力の持ち主がいるのです。

今年のアメリカ大統領選で旋風《せんぷう》を巻き起こした不動産王のドナルド・トランプ氏も、過去に四回も破産しています。しかしその都度、復活し、ついには大統領候補にまでなったのです。選挙演説の動画を見ていても、並の精神力の持ち主でないのはわかります。もっとも大成功する企業家は特殊な人間で、我々凡人にはちょっと真似ができません。でも、その強い精神力には学ぶところがあると思います。少なくとも負けることを恐れて戦いに参加しなければ、勝利を得ることも出来ないのはたしかです。

実は皆、負けを楽しんでいる

こんなことを言うと、多くの人は驚くかもしれませんが、本当は負けることは結構楽しいのです。実はこれはほとんどの人が無意識にわかっていることです。

パソコンで「ソリティア」(カードゲーム)や「上海」(麻雀牌を使ったゲーム)をやったことがある人ならわかると思いますが、そうしたゲームで負ける(失敗する)ことは楽しみのひとつでもあるのです。そんなことはない! と反論される方に言いたい。では、絶対に勝てる(成功する)難易度でゲームをして楽しいですか、と。一〇〇パーセント成功するとわかっている難易度でそうしたゲームをしても、ほとんどの人が楽しくないはずです。

頑張って努力してやっとこさ成功するゲームだからこそ、楽しいのです。適当にやってもできてしまうゲームなんか、時間つぶしにもなりません。ひと昔前のインベーダーゲームも、スーパーマリオやテトリスも、頑張ってもなかなかうまくいかないからこそ、やっていて愉しいのです。つまり、これは逆説的に言えば敗北を楽しんでいるのです。

人生も実は同じです。常に敗北が潜んでいる戦いだからこそ、リスクのある戦いだからこそ、人は燃えるのです。でもそうした戦いに挑むには、敗北に耐えうる強い精神力が必要です。皆さん、負けることを楽しめるだけの心を持ちましょう。

へこむ時はへこめ

「たよりない葦《あし》」の強さ

私は周囲の人から「図太い」とか「メンタルが強い」とよく言われます。でも正直に言えば、自分は精神的に強いとは思っていません。失敗するとすぐにくよくよするし、嫌なことがあると何もやる気がなくなります。女の子にふられると、いっぺんに元気がなくなります。ささいなことでカッとなり、我慢するということができません。しんどい仕事が続くと、すぐに投げ出してしまいますし、嫌いな人には会いたくありません。予定が詰まるとそれだけでうんざりするので、できるだけスケジュールは空けておきます。はっきり言うと、メンタルが弱いのです。

ただ、なぜか多くの人にそうは見られません。それはもしかすると逆説的な言い方になりますが、私の弱さゆえかもしれません。

イソップ寓話の中に、「樫《かし》の木と葦」という有名な話があります。

ある小川のそばに太い樫の木が立っていました。その周囲には細い葦が何本も生えていました。近くに風が吹くと、葦は頼りなくふらふらと揺れます。

樫の木は葦を馬鹿にしてこう言います。

「君たちはそよ風でも頭《こうべ》を垂《た》れる。私は嵐が来てもびくともしないで立っている」

ある時、大きなハリケーンが来ました。

葦はいつものように風の前で頭を低くしましたが、樫の木はびくともせず風に抵抗しました。しかし凄まじい暴風が来て、ついに樫の木は根元から倒されました。けれども葦は倒れることはありませんでした。

私はこの寓話が大好きです。これは人間の精神について語っている話ではないかと思っています。

金属疲労をおこすな

順風満帆なだけの人生はありえません。航海には必ず、嵐もあれば座礁《ざしょう》もあります。

そんな時、びくともしないように見える人がいます。周囲の人は「強い人だ」と思います。でも、本当にそうでしょうか。精神的なショックは見えないところで心に小さなひびのようなものを作っているかもしれません。そういう人は、ある時、心がぽっきりと折れてしまわないとも限らないのです。堅固に見える鉄でも、ある日、金属疲労でぽっきりと折れるように。

皆さんの周囲にもそういう人がいるでしょう。きつい仕事にも泣き言や不平を一言も漏らさず、黙々と仕事を続ける人が。そういう人に限ってある日突然、倒れたり、不調を訴えたり、過労死してしまったりすることが多いのです。逆に、すぐに泣きごとや不平を口にする人は、意外に倒れたりしません。

私の周囲にいる人は、私がすぐにへこんで弱音を吐くことを知っています。私の担当編集者は皆、そんな私に手を焼いています。というのも、私は本を出すとアマゾンや書店の売り上げランキングばかり見て、その数字に一喜一憂し、売れ行きが上がらないと、「もうあかん、僕の本は売れへん」と泣き言ばかり言うからです。編集者は「そんなことはない」と慰めるのが大変です。その代わり、ちょっとでも売れると途端に有頂天になり、天下を取ったような気分になるのですからまた厄介です。でも、最初から目標数値をかなり高めに設定しているので、たいていは落ち込んでいます。

他のもっと嫌なことがあっても同様です。さすがに外ではあからさまに落ち込むことはしませんが、家の中だと、何もせずにソファーに倒れこみ、あるいは何も食べずに昼間から布団をかぶって寝てしまうことはしょっちゅうです。これは昔からそうです。仕事や趣味に打ち込んで、嫌なことを忘れるということはしません。家族も慣れたもので、「また父ちゃん、嫌なことがあったんやなあ」という感じで心配もしてくれません。というのも、そんな時間は長くは続かないからです。たっぷりと睡眠をとると元気になり、のそのそ起き出して何か食べています。でも、けろっとしているわけではありません。いつまでも愚痴《ぐち》ったりもしています。ただ、それは既に回復期なのです。風邪でもそうですが、峠を越えると、あとは熱があってもゆっくりと治っていくのに似ています。

メンタルを免震構造にせよ

若い時は、この気分の変化の激しさに自分を持て余していましたが、年をとって、これはイソップ寓話の葦のようなものかもしれないと、都合よく考えるようになりました。最近は高層ビルも免震構造というものを採用しています。頑丈な鉄筋コンクリートで地震の揺れに立ち向かうのではなく、その揺れを受けてビル全体が揺れることによって、その衝撃を逃がしてしまう構造です。人間もこれを取り入れるべきです。

人生の暴風雨に対して、男らしく弱音を吐かずに立ち向かうという姿勢はかっこいいものです。でも皆さん、そのせいで心の深いところで金属疲労を起こしたり、突発的強風で根こそぎ倒れたりすることがないようにしてください。そのためにはメンタルを免震構造にすることです。ショックなことがあれば、がんと跳ね返すよりも、一旦それを受けてへこみましょう。

すると面白いもので、人間というのはへこんだ後、ちゃんと元気になるのです。それを我慢して、あるいは何でもないことだと自分を騙して無理をすると、消えたと思っているショックが見えないところで後々までも尾を引いていることがあります。言い換えれば、風邪をひいている時に、薬などで症状を抑えて無理して仕事などをすると、なかなか治らないのに似ているかもしれません。下手をしてこじらせたら、長引くどころか、他の病気も背負い込むことになりかねません。風邪の時はひたすら寝るに限ります。

不平や不満を口にするだけで、意外に楽になるものです。幼い子供は悲しいことがあると大泣きしますが、泣いた後は意外にけろっとしています。おそらく泣くことでショックのかなりを逃がすことに成功しているのだと思います。

さすがに大人は大泣きするわけにはいきませんが、愚痴や弱音を吐くくらいはいいでしょう。ここで大事なことは、そういうことを言える友人や家族を持っていることです。愚痴や泣き言を漏らすというのは、ある意味で自分の弱さをさらけ出すことです。それは心を許した相手でないとなかなかできないものです。そんな相手がいない人は不幸な人と思います。

いや、俺は人前で、まして家族や友人の前でそういう姿なんか見せられない！　という人もいるでしょう。そういうマッチョな生き方は勇ましいですが、結構しんどいものでもあります。それで押し通せる人には、こんな本は不要かもしれません。

後悔はするだけ無駄

〈よくよするのは無駄なこと

人は誰でも失敗するとへこむし、元気がなくなります。大きな失敗であればあるほど、落胆は大きいものです。

「あんなことしなければよかった」

「なかったことにしたい」

そんなことを一度も思わなかった人はいないでしょう。日本語には「後悔」という言葉もあります。あらためて言うまでもないことですが、「後で悔いる」という意味です。

この後悔くらい無駄なものはありません。こんなものは人生で有害とも言えます。

失敗を「反省」するのは大切です。なぜなら反省は次に生かせるからです。だから失敗は大いに反省するべきだと思います。反省のない人間に成功はありません。

しかし後悔には意味がありません。

後悔したい気持ちはわかります。つい過去を振り返ってしまい、心がどんよりとする

——人間ですから、そういうこともあるでしょう。しかし過去の失敗をいくら後悔しても、それをなかったことにはできません。

私は非常に軽率で考えが足りないタイプの人間ですから、過去に失敗は山のようにあります。大失敗して落ち込んだことも数えきれません。ただ、過ぎたことについていつまでもくよくよしたり悩んだりはしません。それを言うと、たいていの人はびっくりします。

でも私から見れば、過去の失敗にいつまでも後悔したり、くよくよする人が意外に多い方が驚きです。もちろん私も失敗の直後は後悔します。それは頭を打った時に「痛いっ！」と叫んだり、思わずそこに手をやったりするようなものです。そんなことをしても痛みは去りませんが、反射的にそうしてしまうのはどうしようもありません。でも私の場合は、後悔はしばらくすると、どこかへ消えます。なぜなら後悔しても事態はよくならないからです。

私だって、後悔を続けたり悩んだりしていれば、失敗がなくなるというものならいくらでもやります。ところが、どれほど後悔してもくよくよしても、失敗はなかったものにはならないし、その失敗で悪くなった事態はまったく改善されないのです。となれば、後悔したり、くよくよしたりするだけ無駄ということになります。

失敗をして事態が悪くなった時にやらねばならないことは、その状況をいかに良くするかということです。過ぎたことを悔やんでいる暇はないのです。失敗のレベルにもよりますが、状況によっては一刻を争うこともあります。まずは現況を確認し、どう行動すれば事態を収拾できるかの判断が重要です。そしてその方法が決まれば、それに向かってベストを尽くすことです。後悔することが悪いとまでは言いませんが、後悔することにこだわって事態の改善に向かうことを忘れるのは絶対に悪いと断言します。

おかしな喩《たと》えですが、乗組員のミスがいくつも重なって敵潜水艦の魚雷を受けてしまった巡洋艦があったとしましょう。艦には穴が開き、浸水が始まっています。そんな時、艦長以下乗組員たちが、雷撃を受けたことを悔やんで頭を抱えていたとしたらどうでしょう。あるいは「誰のミスでこうなった?」と責任追及の会議が開かれたとしたらどうでしょう。いずれも艦は沈没を免れないでしょう。まずやらねばならないことは、浸水を食い止めて沈没の危機を回避すること、そして敵潜水艦の次なる攻撃に備えることです。さらに万が一、沈没した時には、乗組員がいかにして脱出するかを考えることです。後悔や反省、それに失敗の責任追及は、艦が無事に港に帰還してからのことです。

人生もこれと同じです。ですが私のまわりにも、魚雷を受けて浸水が始まっているのにもかかわらず、後悔ばかりして、あるいは茫然としているだけの人が少なくありません。

また後悔が過ぎると考え方が前向きにならず、現時点の判断にもよくない影響を及ぼします。緊急事態の収拾に関しては、今の状況だけを見て判断することが大切です。

一流のプロは切り替えが早い

知り合いの囲碁のプロに聞いたのですが、失着を打つと、しばらく後悔ばかりするそうです。ちなみに彼はタイトルとは無縁の棋士です。

「後悔ばかりしてたら、持ち時間が少なくなっちゃうじゃないですか」

と私が訊くと、彼は苦笑しながら言いました。

「そうなんだよ。わかってるんだけど、なんであんな手を打っちゃったんだろうと、くよくよしてしまうんだよ」

「それで、どこかで吹っ切れて打つわけですか」

「それが出来ればいいんだけど、その失着の手を何とか失着でなくする手はないかと、必死で考えるんだよ。僕らはこれを、前に打った手の顔を立てる、と言うんだけど」

それはよく聞く話でした。プロ棋士は自分の打った手を無意味な手にしたくないので、失敗したと思っても、何とかしてその手を働かせようとするのです。

「それでうまくいくことはありますか」

私が訊くと、その棋士は苦笑いしながら言いました。

「いや、うまくいくことはまずない。後で考えれば、失着は失着と諦めて、その手はなかったものとして打てばよかったということの方が圧倒的に多い」

彼はそう言った後で、興味深いことを言いました。

「でも、タイトルを獲るような棋士は切り替えが早い。失着を打ったことに気付くと、それは忘れて、現在の局面でベストの手を見出そうとする。それまでのストーリーを忘れて、そこから新しいストーリーを考えていくというのかな」

私はなるほどと思いました。逆に言えば、そういう切り替えがすぱっとできる棋士だからこそ、タイトルを獲れるのかもしれないなと思いました。

世の中の成功者もこれと同じなのではないかという気がします。過去の失敗に後悔することなく、今、何をやるのがベストかを判断して、それを行動に移す。おそらく実業の世界でも、スポーツの世界でも、成功した人間はこういうタイプだと思います。

されど反省は必要

「後悔」は何の役にも立ちませんが、「反省」には大いに意味があります。いや、失敗をおかした時に反省は不可欠です。

「なぜ失敗したのか」

「どこが悪かったのか」

「それを回避できる方法はなかったのか」

そういうことを考えることは非常に大事なことです。これは「後悔」と似ているようで全然違います。後悔はただ「あんなことをしなければよかった」「なかったことにしたい」と過去の行為を全否定するに等しいものですが、反省は過去の行為を肯定したうえで、次の人生に生かすものだからです。もちろん、反省した上で、「もうあんなことはしない」という結論になることもあるでしょう。それはそれで意味のあることです。

私は昔、元阪神タイガースの江夏豊《えなつゆたか》氏と話をさせてもらった時に驚いたことがあります。それは江夏氏が、どの選手に、いつ、どこで、どういう状況で打たれたかをすべて覚えていたことです。若い頃は豪速球で三振の山を築いてきた江夏氏ですが、晩年は、往年の球威を失っていました。にもかかわらず、並み居る強打者たちを打ち取れたのは、頭の中に過去の失敗のデータが全部入っていて、それを次の勝負に生かしていたからだったのです。

私の駄目なところは、「後悔」もしない代わりに「反省」もしないことです。だから同じ失敗を何度も繰り返します。

私は過去に、暴言、失言で何度もマスコミに叩かれました。そのほとんどはマスコミによる「発言の一部の切り取り」あるいは「悪意ある曲解」ですが、普通これだけ叩かれると、そういう切り取られ方をしないように発言しようとか、曲解されないような言葉遣いをしようとか考えるものです。でも私の場合、そういう反省がまったくなく、相変わらずの不用心な発言で叩かれまくっています。

鋼のメンタルを持ってはいても、脳ミソが足りない典型的な男です。

女性にふられることを恐れるな

ふられて失うものはない

ここで少しくだけた話をしたいと思います。

この本を手に取られた方の中には、好きな女性に告白したいが勇気が出ないという男性もいらっしゃるかもしれません。聞くところによれば、最近の若い男性は、ふられるのが怖くて女性に告白できないという人が増えているということです。いわゆる草食系と言われる男の子でしょうか。しかしそういう男性は昔からいました。ただ、割合は今の方が圧倒的に多くなったように思います。

私には彼らの気持ちがよくわかりません。いや、ふられるのが辛いのは私にもわかります。それを恐れて躊躇《ちゅうちょ》する気持ちも理解できます。でも告白しなければ、恋を手に入れることなどまずできないのです。手に入らない恋というのは、結果的にふられるのと同じです。でも、告白すれば上手くいくかもしれないのです。ならば、やってみればいいというのが、私の考えです。その結果ふられたとしても、いったい何を失ったというのでしょう。

ふられたことによって「恋が成就するかもしれない希望を失った」と言う人がいるかもしれません。そういう人に逆に訊きたいと思います。告白しなければその恋は成就したのですか、と。

世の中には、そういう告白もなしに自然な付き合いから恋に発展するというカップルもいます。告白する勇気のない男性はそういうケースを期待しているのかもしれません。でも私に言わせれば、そういうカップルは男性が告白すればもっと早く恋人同士になっていたはずです。逆になかなか告白しないばかりに、恋人同士にならずに終わったかもしれない危険がいっぱいあったのです。ただ、人はそれぞれです。告白なんかしないで恋人になりたいという人はそういう道を選べばいいと思います。

ここでは、本当は告白したいのに勇気が出ないという人に向けて書くことにします。

告白には一円もいらない

好きな相手に告白することは、実はタダなのです。競馬や競輪で勝負するのは金がかかります。本命は固いが配当が低い、穴は当たれば大きいが外れることも多い。株も同様です。金を失う危険があるだけに、気軽には勝負できません。

ですが、女性への告白は金がかかりません。こんな言い方をすれば身《み》も蓋《ふた》もないですが、女の子への告白は一円もかけないで勝負できるのです。美人にふられたって余計にお金を取られるわけではありません。もっとも告白のシチュエーションをしつらえるためのレストランやその他の経費は多少はいるかもしれませんが、そのあたりまでケチるのはやりすぎでしょう。結婚詐欺師でも最初はどんどん投資するといいます。

若い男の子がふられるのを恐れる本当の理由は、その女性を失うのが怖いのではなく、実は自尊心が傷つくからだというのは私も知っています。

この自尊心というのは実に厄介なものです。これは承認欲求とも微妙に絡んできます。つまり異常に自尊心の強い男性は、女性にふられると、自己否定されたような気持ちになるようです。ただ、「あなたとは恋人になりたくない」というだけのことなのに、自分の全存在を否定された気持ちになるのです。

今の若い人たちは自分を否定されることを極度に恐れています。なので、たかだか(と敢えて言います)女性にふられただけで、大いにショックを受けるのです。そしてそれが自分でもわかっているだけに、そういう危険を冒《おか》さないのです。

そういう人たちに言いたい。女の子にふられることと自分を否定されることは全然違うことだと。もしそうであるなら、私などは数えきれないほど存在を否定されてきました。

こんなことは敢えて言いたくもないことですが、もしふられたら、「あーあ、あの子は自分の魅力がわからない可哀そうな子なんだな」と考えればいいのです。そして「そんな子は自分にはふさわしくない」と納得すればいいのです。

もっとも私自身はそういう考え方は好きではありません。たいしたことのない女性に惚れたというのは、むしろ自分自身の見る目がなかったと認めることになるので、絶対にしたくないのです。だから、私はふられた時は、「最高の女性を手に入れ損なった！」と絶望的な気分に陥ることにしています。もちろん大いにへこみますが、実は恋を失った悲しみというのは、人生に数多ある悲しみや絶望に比べると、全然たいしたことでも何でもないのです。世の中には、一撃で人生を葬り去ってしまうような悲しみがいくらでもあります。たとえば長年連れ添った配偶者や愛する家族を不慮の死で失った時などです。阪神・淡路大震災や東日本大震災や熊本地震などで、そういう悲しみに襲われた人たちをたくさん見てきました。そういう人たちと比べるのは不謹慎ですが、女性にふられた悲しみなどは、センチメンタルな映画を観て涙を流す程度のものにすぎません。

愛を金で買ってもいい

先ほど告白にはお金がかからないと言いましたが、一方、世の中には、女性の歓心を買うために高価なプレゼントをしたり豪華な食事を奢《おご》ったりする男性がいます。これは一般的には褒められたものではないと見做《みな》されていますが、私はまったく否定しません。むしろ財力のある男性は金を大いに活用すべきと思っています。

私の大好きなバスター・キートンの映画に『キートンの恋愛三代記』（一九二三年、米）という名作があります。これはデヴィッド・W・グリフィス監督の映画史に残る傑作『イントレランス』をパロディーにしたようなコメディですが、内容は三つの時代の恋愛を描いたものです。石器時代、ローマ帝国時代、それに現代アメリカの三つの時代です。もっとも「現代アメリカ」といっても映画が作られたのは一九二〇年代なので、今から約百年前の時代です。

面白いのは三つの時代で、男が女を獲得する魅力が違っていることです。石器時代で女が男に惹かれる何よりの魅力は「体力」です。つまりどれだけ多くの獲物を狩ることができるかが男の武器なのです。しかし時代が下ってローマ時代になると、男が女の心を得るために必要なのは「権力」になっています。そして現代アメリカでは、ずばり「財力」なのです。残念なことに、主人公であるキートンはいずれの時代もその三つとも持っていません。そこで愛する女を得るために凄まじい戦いを演ずるという映画ですが、私は若い時にこの映画を観て、「現代では女を得るのに金が物を言う」という見方になるほどと思ったものです。

男の魅力は様々です。容姿、運動能力、話術、知能、芸術的才能、優しさなどなど、女性の心を摑むものはいくつもあります。その中にあって、財力は非常に有力な武器なのです。そして貨幣が作られて以降は、「金で愛が買える」時代になりました。

イケメンでもなく巧みな話術もないが金はあるという男性は、恋愛にもそれを大いに利用するべきです。イギリスには昔から「恋と戦争では手段を選ばない」という言葉があります。金で女性の歓心を買えるなら、どんどんやるべきです。

そして高価なプレゼントや金銭的援助は多くの場合、大きな効果が見込めます。なぜなら「金」はすなわち誠意だからです。吉田兼好は『徒然草』で、よき友に三つありと書きました。二つは「智恵ある友」「医師《くすし》」ですが、彼が第一に挙げたのは「物くるる友」です。吉田兼好は経済的な援助は最高の誠意であると見抜いていたのです。

ただ、前言を翻《ひるがえ》すわけではありませんが、私は若い時から好きな女性に高価なものは一度も贈ったことがありません。家内にも指輪ひとつプレゼントしたことはありません。そのために今も「婚約指輪を貰っていない」とたまに恨み言を言われます。

私が女性に高価な贈り物を贈らなかったのは、そんなものに心が動く女性が好みではなかったからです。もちろん財力がなかったということもありますが、仮に財力があってもそうはしなかったと断言できます。それは、自分の魅力は別のところにあると信じていたからです。そして、女性にはそれを見てほしいと願っていたからです。

男性は自分に一番自信のあるところで勝負するべきだと思っています。容姿に自信のある男ならそれを武器にすればいいし、話術に自信のある男ならそれを生かせばいいのです。そして財力に自信のある男はそれを使うことを恥じる必要はありません。

ふられることは失敗ではない

身も蓋もないことばかり書いたので、ここで告白慣れしていない男性のために、「恋のアドバイス」をひとつだけ書きましょう。

それは、恋の告白をしてふられても、それは全然失敗ではない、ということです。実は恋は告白した時点でスタート地点に立ったようなものです。最初の告白で上手くいくケースは、相手の女性がそれ以前からずっとその男性のことを好きでいた場合のみです。要するに男性からの告白を待っていたのであって、敢えて言えばそういう恋は告白する前からほとんど成就していたとも言えます。

しかしそうでない場合、恋の対象として見ていなかった男性から告白されて、「はい、喜んで」という女性はまずいません。彼女はまずは断ります。それでナイーブな男性は、「一世一代の告白をしたが、ふられてしまった」と大いに落胆します。中にはそれがトラウマになってその後、女性に告白することができなくなった男性もいます。

しかしこれは全然ふられていないのです。女性はただすぐにＯＫしなかっただけのことです。そしてこの告白以後、彼女はその男性を見る目が変わります。それは当たり前のことです。自分に真剣に恋してくれた男性が、周囲にいる男性たちと同じに見えるはずはありません。昔からある「思えば思わるる」という言葉通りです。

私が告白することで恋のスタートラインに立ったというのは、そういうことです。つまり、ここからが本格的な勝負です。それでどうやればいいのかということは、本書のテーマからは大きく逸脱するので、この話はここまでにします。

ただ、恋のアプローチには、言葉も含めて様々な方法を試してみてください。これをやれば異性の心を摑めるという決定的な方法はありません。週刊誌や本ではそういう特集がよく組まれますが、そんなマニュアルを鵜《う》吞《の》みにはしないでください。格闘技の本を読んだだけで、ケンカには勝てません。ケンカも恋も実戦をこなすのが一番です。同じ言葉でも、それがどんな状況でどんなタイミングで語られるかで全然効果が違ってきます。それは実際に自分でやってみて学ぶしかありません。

ふられることを恐れては何も始まりません。そしてふられる辛さを何度か経験すれば、ふられることに対する免疫力と耐久力が身に付きます。

そしてさらに言えば、失恋というのは、実は素敵なことなのです。

ここでひとつ私の大好きな恋の名言をご紹介しましょう。『虚栄の市』でしられるイギリスの作家ウィリアム・M・サッカレーの言葉です。

「恋をして、その人を得ることは最上の喜びである。恋をして、その人を失うことはその次に素晴らしいことである」

さあ、男性諸君、大いに告白して大いにふられようではありませんか。

人生はジェットコースターの方が楽しい

絶叫マシーンの面白さ

私はジェットコースターが大好きです。最初、ゆっくりと坂を上っていく時の恐怖感とわくわく感が入り混じった何とも言えない気持ち、そしていきなりの急降下、あとは加速をつけての急上昇と急降下を繰り返していくスリルと快感。最近のジェットコースターはループがあったり、暗やみの中で走ったりと、どんどん進化しています。

けれども、ふと思います。最新式のジェットコースターに乗っても、子供の頃に乗った単純なジェットコースターほどのスリルは味わえないのではないかと。これはどういうことかと言えば、子供の頃は、おそらく潜在的に事故の恐怖があったのだろうと思います。理性では事故なんか起こらないとわかっていながらも、心のどこかで「もしかしたらとんでもないことが起こるかも」という恐怖心があったのだと思います。だからこそ、あれほどのスリルを楽しめたのでしょう。今はどんなにすごい絶叫マシーンでも、一〇〇パーセントの安全が確保されているとわかっているだけに、心理的な恐怖はほとんどありません。

それはさておき、ジェットコースターの面白さは、猛スピードで急降下と急上昇、急カーブを曲がるのを繰り返すところでしょう。もしジェットコースターがゆっくりと平面の上をまっすぐ走るだけの乗り物なら、誰も面白さを感じることはないでしょう。

私が言いたいのは人生も同じようなことではないかというものです。急降下と急上昇――つまり山あり谷ありだからこそ、面白いのではないでしょうか。坂もなにもない、まっすぐで平坦な道をだらだら歩くだけの人生は、すごく退屈だと思うのです。

ゲーテの幸福観

文豪ゲーテでさえこういう言葉を残しています。

「世の中のものは何でも我慢できる。しかし幸福な日の連続だけは我慢できない」

誤解しないでもらいたいのですが、私は皆さんに人生で冒険をしろと言いたいのではありません。急スピードで曲がり損なえば脱線して死んでしまうような危険なことは、人生でやる必要はありません。そういう人生は特殊な能力のある一部の勝負師や冒険家に任せればいいことです。もちろんそういう人生を選ぶのは個人の自由です。危険も山のようにありますが、面白いことはこの上もありません。

私が言いたいことは、たとえあなたが人生で大きな失敗をしようと、それで心が折れることはないようにしてもらいたいということです。絶望なんかしないでもらいたいということです。

たとえ会社の出世コースから外されたとしても、左遷させられたとしても、それはジェットコースターのようなものだと思えばいいのです。生きている限りチャンスはあります。仮にそのチャンスがなかったとしても、会社だけが人生ではありません。倒産やリストラにあったとしても同様です。逆にそれを楽しむくらいの心を持ってもらいたいのです。

もちろん大きな失敗や挫折がない方がいいに決まっています。でも、最晩年を迎えて人生を振り返った時、ああ何と山あり谷ありの人生だったなあと思うのも、また楽しいのではないでしょうか。

第三章 心の立て直し方

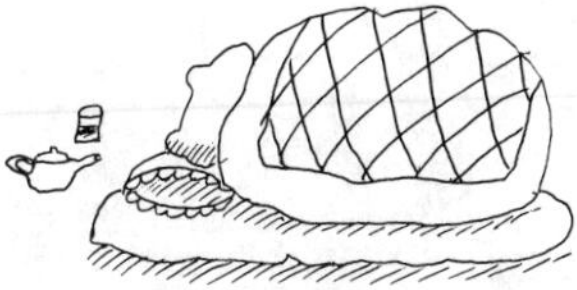

死に逃げてはいけない

どうせいつかは死ぬのだから

「絶望は死に至る病」というキェルケゴールの有名な言葉があります。実際、夢が破れた時に自ら命を絶つ人は珍しくありません。もっとも自殺をする人の大半が実はひどいノイローゼ状態か精神的な病を得ているのかもしれませんが、ここでは一応そのケースは別にします。

世の中には、失恋、イジメ、入試失敗、借金苦、破産、仕事の重圧、良心の呵責《かしゃく》、病気などを苦にして死を選ぶ人がいます。治癒の可能性がゼロで、しかも肉体的な苦痛を伴う病気の場合は、その人に死を選ぶ権利は与えられるべきではないかと、個人的には考えていますが、それ以外の精神的苦痛のものについては、基本的には絶対に死を選ぶべきではないと思っています。

人生には多くの苦しみがあります。私にはイジメにあった体験はありませんが、女性にふられた回数と入試不合格の回数は人後に落ちません。仕事でも失敗ばかりで、しょっちゅう怒られていました。ただ人の命に関わるようなミスや、他人に何億円もの損害を与えるような失敗がなかったのは幸いです。また夜な夜な良心の呵責に苦しむような悪事を働いたこともありません。借金苦も破産も経験がありません。それ以外にも、大きな悩みを抱えたことはありません。まあ、そんなわけで、六十歳になるまで「死にたい」とは一度も考えたことがありません。

振り返れば非常に恵まれた人生であったとは思いますが、この先、たとえ大借金をこしらえようが、破産して家屋敷を失おうが、また強烈なイジメにあったとしても、自ら命を絶つことは絶対にないと思います。というのも、どうせあと二十年ほどで死ぬのだろうから、なにも自分から打ち切ることはないだろうと思っているからです。でも六十歳になってからそういう考えに至ったわけではありません。若い頃から、「死」について深く考えたことは一度もなく、どうせいつかは死ぬのだろうから、それまで精一杯生きたいと単純に思っていたにすぎません。

テレビや新聞を見ていると、「どうして、そんなことで自ら死を選ぶの？」と思うようなニュースや記事をよく目にします。もちろんそこには記事に書かれていない深い事情もあるのかもしれません。でも、イジメを苦にしたり、色恋がらみや借金がらみで死ぬのは、どうにも馬鹿馬鹿しいことに思えてなりません。そういう人は死ぬことで苦しみから逃れて楽になれると思ったのかもしれませんが、私はそれは間違っていると思っています。

命は何よりも大事

昔、「マイホーム崩壊す」というノンフィクションを読んだことがあります。それは読売新聞大阪社会部がまとめたものです（『ある中学生の死　社会部記者レポート』角川書店・所収）。

ある中年のコーヒー豆の営業マンが借金を苦にして一家心中をした事件を追ったものです。その人はずっとマイホームを持つのが夢でした。そして苦労の末にやっと念願の家を手に入れました。妻も三人の息子も大喜びでした。しかし彼は営業ノルマを上げようとコーヒー豆の契約売りをしていたのです。これは契約時の市場価格で豆を売る事前契約をするというものです。豆の相場が下がれば、差額分が営業マンの利益になります。ところが運悪くマイホームを手に入れた直後にコーヒー豆が急騰《きゅうとう》したのです。でも豆を売った店からは契約した代金以上のお金は取れません。仕方なく彼は自分の給料から差額を補塡《ほてん》しなければならない羽目になりました。それでいきなりマイホームのローン返済計画が大きく躓いてしまったのです。やがて彼は高利の金を借ります。いつのまにか返済額が膨れ上がり、返済不能に陥ります。そしてついに生涯の夢だったマイホームを手放すことになった彼は、ある日、家族五人でガス心中します。

その本はその事件を追った読売新聞の記者たちによる徹底した取材で書かれていました。読んでいて、心に氷を当てられているような迫真のノンフィクションでした。でも読み終えた後に、激しい怒りを覚えました。それは一家心中した彼と妻に対してです。なぜ二人で死ななかったのか。なぜ三人の息子（中学三年生、小学校六年生、三年生）を道連れにしたのかという怒りです。

たしかに彼の悲しみはわかります。生涯の夢であったマイホームを手放せば、もう一生かかっても再び手に入れることはできないと絶望したのでしょう。あるいは、あれほどマイホームを喜んでいた妻や息子たちの悲しい顔を見ることが耐えられなかったのかもしれません。しかし、家と命とではその重さは比べものになりません。

おそらく彼自身もそんなことは頭ではわかっていたはずです。でも心が耐えられなかったのでしょう。亡くなった人に対してきつい言い方をしますが、弱い心です。

その事件は昭和五十年代に起こりました。こんな「ＩＦ」は無意味なことはわかっていますが、もし今なら、彼は耐えることができたかもしれないという気がします。なぜなら、この二十年の間に阪神・淡路大震災、それに東日本大震災、さらに熊本地震を目の当たりにしていたでしょうからです。

この三つの地震では夥《おびただ》しい家が崩壊あるいは焼失、流失しました。自宅を失うということは家族にとっては大きな悲劇ですが、命を奪われることの悲劇とは比較になりません。家を失っても、自分や家族の命が助かった人たちは、そのことに感謝したでしょう。そして家を失った多くの人が力強く次の人生を歩んでいます。もちろん、その後の人生には多くの苦難が待っています。しかし生きていれば逆転の可能性もあります。また金はなくても幸福は摑めます。

もし一家心中した彼がそうした人たちの姿を見ていれば、家を失う悲しみに耐えられたかもしれません。命は家なんかよりもはるかに重いものです。一家心中した彼がその発想に思い至らなかったのは本当に残念です。

殺されることを想像してみよう

私は時々、おかしな発想をします。もし、大きな悩みや絶望を抱えて死のうと思っている人が、「殺す」と言われれば、どう反応するだろうかというものです。

たとえば、借金で自分の会社が倒産することを苦にして自殺を考えた人がいたとします。そこで突然、「倒産すると死刑になります」という法律ができたとしましょう。こんな時、彼はどう思うでしょうか。喜んで死刑になるでしょうか。私はそうは思えません。泣きながら、「命だけは助けてください」と言うような気がします。

もし、破産で一家心中を考えている人が、「破産すれば、一家全員死刑」と言われたならば、「せめて子供だけは助けてほしい」と懇願《こんがん》すると思います。

かなり強引な発想ですが、「これに耐えられなければ死刑になる」、あるいは「殺される」という状況ならば、はたしてそれを受け入れられるかと考えれば、たいていのことは耐えられるような気がします。

日本は七十年前、世界を相手に戦った末に、何もかも木端微塵《こっぱみじん》にされました。戦場では約二百三十万人の兵士が殺され、大空襲や原爆によって約八十万人の一般市民が殺されました。戦争で愛する人を失った人たちはその何倍にもなります。また何十万戸という家が焼かれ、戦後は着るものや食べるものさえ満足に手に入れられないという人が何百万人もいました。進駐軍や三国人たちによる殺人、略奪、暴行は日常茶飯事でした。今から見れば想像を絶する世界です。でも、自殺者は現代よりもはるかに少なかったのです。

なぜなら当時の人たちは、生きる喜びを実感していたからです。満州事変から十四年も続いた戦争（大東亜戦争は三年八ヵ月）が終わり、空襲も止んだのです。もう戦争で殺されることはない――それがどれほどの喜びであったことでしょう。今日、家族の元に帰れる、そして明日も働ける。そのことがどれほどの幸せか、当時の日本人はみんな知っていたと思います。私はそういうことを考えると、少々の苦しみなんかで死ぬことはとてもできないと思います。

この本の読者の中に、もしも、時々、死にたいと思うことがある人がいたら、発想の転換をしてください。それができないという人は、東北や熊本の被災地に行ってみてください。不幸は人を打ちのめすことはできますが、完全に打ち倒すことはできないということを知るでしょう。

人間というものは本当はどんな不幸にも耐えうる強い心を持っているのです。

あなたの悩みは本当の悩みか

『夜と霧』から受けた衝撃

実は私は本当に悩んだことはありません。もちろん人間ですから、苦悩や葛藤《かっとう》はそれなりにあります。でも、先ほども書いたように、叫び出したいほどの苦しみや、いっそ死んだほうが楽になるかもと思うような絶望は一度も経験したことがありません。これは自慢しているわけではありません。六十歳に至る今日までそんな体験がなかった幸運に感謝しています。

ただ、私は普通の人に比べて、もしかしたら苦しみに対する耐性が少しだけ強いかもしれません。もしそうだとしたら、思い当たる理由があります。

今まで誰にも語ったことがないのですが、十六歳の時にヴィクトール・フランクルの『夜と霧』(みすず書房)を読んだことがそれかもしれないと思います。当時、私は本を読む習慣などまったくありませんでした。その代わり映画が大好きで、梅田の名画座でアラン・レネ監督の記録映画『夜と霧』を観た帰りにたまたま立ち寄った古本屋で、その本を見つけたのでした。

映画の原作本かと思って購入したのですが、たしかに映画と同じアウシュヴィッツなどの強制収容所が舞台の本とはいえ、中身はまるで違っていました。原題は「強制収容所における一心理学者の体験」というもので、地獄の強制収容所で生き抜いた著者自らが綴った凄絶《せいぜつ》なノンフィクションです。

オーストリア生まれのユダヤ人で心理学者であったフランクル氏（当時三十代）は、ヒトラーのユダヤ人絶滅計画により、強制収容所に送られます。生還がほぼ見込めない絶滅収容所の想像を絶する過酷な環境の中に身を置きながら、絶望で自分を見失うこともなく、常に冷徹な目で自分自身および周囲の囚人（という言葉は適切ではありませんが）たちの心理や状況を見つめ続けます。

この本はその後も何度も読み返し、私の座右の書のひとつとなりましたが、初めて読んだ時は、哲学的な内容の高さよりも、収容所の悲惨さと残酷さに大きな衝撃を受けました。夜、自分の部屋で読んでいて、全身ががたがた震えるのを止められなかったのを覚えています。布団の中に入っても本を読んで浮かんだ光景が脳裏から消えず、涙が止まりませんでした。

この世にはこれほどの悪があるのか、人間はここまで残虐なことができるのか、こんなにも悲惨な状況に放り込まれた人たちがいたのか——。もっとも人類が行なってきた残虐行為は、ドイツのユダヤ人絶滅収容所だけでなく、過去の歴史上においても、また現代においても山のようにあったことを後にたっぷりと知ることになりますが、当時十六歳になったばかりの私は、生まれて初めて知ったドイツの絶滅収容所の実態に人生観を変えられるほどのショックを受けたのです。

それ以来、私は絶望とかそれに似た気持ちを味わったことがありません。むしろ、自分が今こうして生きていられることの幸福と喜びを何よりも感じるようになったのです。自由があり、食べるものがあり、他人から理由もなく殴打をうけることもなければ、殺される恐怖もない——これは実は素晴らしいことじゃないのかと思うようになったのです。

知識と想像力の大切さ

私は成人してから多くの本を読むようになりました。そして子供時代には知らなかった多くのことを学びました。二十世紀にあった二つの世界大戦でどれだけ多くの命が奪われたかも知りました。またスターリンの大粛清《しゅくせい》、毛沢東の文化大革命、ポル・ポトの大虐殺など、戦争以上に恐ろしいことがたくさんあったことも学びました。

近代以前の歴史はさらに悲惨です。戦争だけでなく、飢餓、疫病、絶対的な身分制度に奴隷制――もちろん人権などはどこにもありません。いや二十一世紀の現代においても、人権どころか明日の命さえ保障されない世界で生きている人たちが大勢います。

そうしたことを思えば、この日本に生きていることはどれだけ幸福なことでしょう――それは百年前の人から見れば、もはや極楽と思えるような世界ではないでしょうか。はたして今、自分が悩んでいることは本当に「悩み」に値するものなのだろうかと自問すると、恥ずかしくなってくることさえあります。

ただ、そういう発想や考え方は、もしかしたらいびつなものかもしれません。自分の住む世界とは別の時代や別の世界に生きる人たちと比較するのはルール違反かもしれないからです。強引に言えば、映画や物語の中の人物と比較するようなものです。

だからといって、それはまったく無意味でしょうか。私はそうは思いません。自分以外の人間の生き方を想像することで得るものは必ずあると思っています。人は病気になった時に健康の有り難さがわかります。愛する家族を失えば、家族とともに暮らした日々が本当にかけがえのないものであったことがわかるでしょう。事故や病気で体の一部を失えば、五体満足であることがどれほど素晴らしいものであったかを知るでしょう。

でもその素晴らしさは、何もそれらを失わなければわからないというものではありません。想像力と知識、そして思索する力がわずかにあれば、今、自分がどれほど幸福であるかということがわかります。

世の中には、非常に恵まれたように見えるのに、自分は不幸と思い込んでいる人がいます。悩みを聞いても、それのどこが苦しみなのか、周囲の者には理解できないこともあります。もちろん苦しみや悩みは極めて個人的なもので、数値化して誰にでも当てはめられるものではありません。でもここで正直に言えば、現代人の苦しみのハードルは随分下がっているような気がします。

おそらく現代人にとって、生きることが当たり前になったからではないかと思います。

人は当たり前のことには感謝しません。高度経済成長以降は、その上、快適に裕福に暮らすことさえ「当たり前のもの」となったような気がします。ところがここに落とし穴があります。人は当たり前のものには感謝しないけれども、当たり前のものすら手に入れられなかった時には、激しい怒りと悲しみを味わいます。

私は現代人の多くの悩み（あるいは大胆にルサンチマンと言い換えてもいいかもしれません）は、そこにあるのではないかという気がしています。

現代では、経済的な事情でクーラーもテレビも持てない生活は誰もが耐えがたい不幸と感じることでしょう。でも、私が幼い頃は多くの家にクーラーもテレビもありませんでした。それでも誰も不幸とは感じませんでした。

さすがにクーラーやテレビの話は屁理屈が過ぎたかもしれませんね。

ただ、もし今あなたが病気以外のことで悩んでいるのなら、ほんの少し発想を変えてみるか、あるいは想像力を働かせてみるだけで、もしかしたらその悩みは解決できるものかもしれません。

病気も運と考える

実は病気でさえも、発想の転換は可能です。

私は数年前に黄斑円孔という病気にかかりました。近年、手術法が確立したとはいえ、失明の危険すらある厄介な病気です。たまたまその手術前に、知人の女医と食事をする機会がありました。そこでふと病気の悩みを愚痴りました。でも、彼女は私の悩みにシンパシーを感じてはくれませんでした。

「ふーん、まあ失明しなければいいね」

彼女はサラダを頰張りながら、他人事のように言いました（実際、他人事なのですが）。

「あなたはお医者さんで病人を毎日見てるから、人が病気になっても何とも感じないいんですね」

私が皮肉めいた調子で言うと、彼女は「そういう問題じゃない」と言いました。

「病気にかかるのは環境や生活の影響もあるけど、それでもまあ半分は運みたいなものでしょう。百田さんは黄斑円孔になって不幸だと思っているようだけど、じゃあ、黄斑円孔を筋ジストロフィーと取り替えられるとなったら取り替えますか？　あるいは肺ガンと取り替えられるとなったらそうしますか？」

畳みかけるように言われて、さすがの私も何も言い返せませんでした。

そうなのです。私は黄斑円孔を健康な状態と比べて不幸だとか運がないと思ったわけですが、彼女は健康な状態と比べるなら、他の病気とも比べるべきだとほのめかしたのです。多くの患者を見てきた医者ならではの哲学だなあと思いました。

それ以来、どんな病気になっても、それもまた自分の運だと思えるようになりました。

心を壊すのも立て直すのも自分

人の心は繊細で壊れやすいものであるのはたしかです。一種の精密機械のようなところがあります。

でも実は、心は外からのダメージには意外に強いのです。それよりも内側からのダメージに弱いのです。つまり敢えて言えば、心を壊す人は、自分で壊しているようなところがあります。人は環境の変化によってダメージを受けることがありますが、実は環境の外部からダメージを受けているのではなく、自分はその環境にいるという意識が心にダメージを与えているのです。

出向で落ち込むのは失礼

第一章で、同じ大学に入った学生でもそこを第一志望にしていた学生と、志望校に落ちてやむなく入った学生とでは、気持ちが全然違うということを書きましたが、要するに、同じ環境に置かれても人によって感じ方はまったく違うということです。

大ヒットTVドラマ「半沢直樹」の中に、メガバンクを左遷されて子会社に出向させられる行員の話がありました。出向が決まりそうな時に、彼の心のイメージ映像のようなシーンが繰り返し出てきました。どこかに穴が開いて、ボタボタと何かが垂れ落ちるような映像でした。彼はまさに死刑判決を受けたかのように苦悩します。

ドラマですから私もそのシーンに感情移入して楽しみましたが、実は心のどこかで違和感のようなものを覚えていたのは事実です。というのは、彼が死刑判決を受けたように感じたその出向先の会社では、多くの社員が普通に働いているからです。メガバンクで一生働いていくつもりだった彼にとっては、最悪の職場に放り込まれた気持ちかもしれませんが、初めからそこで働いている社員にしてみれば、自分の会社をそんなふうに見做されるのは許せない気持ちになるのではないでしょうか。

理想や夢が怪物になる時

ドラマを喩え話にするのはあまりよくない例だったかもしれませんが、現実にもこういうことはよくあることだと思います。ある環境がその人にとっては耐えられないほど辛いものであっても、同じ環境で機嫌よく暮らしている人はいくらでもいます。つまりその環境が人にとってどういうものであるかの絶対的な基準はないのです。すべてはその人の受け取り方次第です。

人は皆、自分はどういう生き方をするかという想定を無意識に持っています。それは生きていく過程で徐々に作られていくものです。前述のドラマの行員は「一生をメガバンクで過ごす」という想定を抱いていたのでしょう。そしてそれが崩れたことにより、絶望的な気持ちになり、壊れていったのです。つまり彼は、「自分が思い描いた理想」によって壊されたとも言えます。

世の中にはドラマの彼のように、出向や希望しない転職によって絶望的な気持ちを味わった人は少なくないでしょう。そうした時に立ち直れるかどうかは、気持ちを切り替えることができるかどうかにかかっています。

つまり心を壊すのも自分なら、それを立て直すのも自分だということです。

世の中には一流企業からリストラされたり子会社に出向を命じられたりしても、新しい職場の環境になじんで、そこで面白さを見出して楽しく生きている人はいくらでもいます。その反対に、鬱々として楽しまないまま駄目になってしまう人もいます。中には社内での配置換えくらいでそうなってしまう人もいます。すべては心の持ちようひとつなのです。

理想や夢は大切です。人間は理想や夢を持っているからこそ頑張れるし、努力もできます。しかし、それが強すぎると危険なのです。夢が大きく育ちすぎると、それが破れた時、夢が逆に心を食いつぶしにかかることがあるのです。そうなれば夢はもはや怪物と化しています。

志望大学に落ちて絶望したり、恋した異性にふられて絶望したりした時も同じです。夢が破れて悲しくない人はいません。ですが、破れた夢に食いつぶされてはいけません。

夢が破れた時は、暴れまくるその夢をいかにおとなしくさせることができるかが大事です。それにはやはり強い心が必要です。

人間関係で悩むのは幸せな証拠

売れない放送作家だった頃

私にはサラリーマンの経験がありませんが、高校時代や大学時代の友人はたいていサラリーマンです。私たちの若い頃は景気がよく、就職に苦労することはありませんでした。三十歳前後の頃、同窓生らと話していると、彼らの悩みの多くは職場の人間関係でした。陰険な上司の下についた時は、耐えられないほどキツイということです。そういう上司にいびられた時は、胃に穴が開くほど苦しいらしいです。またそりが合わない先輩や同僚がいるのも不快でたまらないそうです。中には、職場の中でうまくコミュニケーションが取れないと悩む者もいました。そんな話をお互いに「わかる、わかる」と言い合っている様を見て、私は彼らの苦労は理解はできるけれども、どこかに違和感を覚えていました。というのは、職場の人間関係で悩めるなんて幸せだなと思ったからです。

当時、私は売れない放送作家でした。レギュラーは数本ありましたが、ギャラは安く、生活はいつもぎりぎりでした。テレビ業界は四月と十月が番組改編時期です。毎年、この時期は緊張します。というのは自分がやっている番組が終われば、そこで収入がなくなるからです。四本あったレギュラーのうち一挙に三本が終わったことがあります。翌月から収入は四分の一です。もちろん新しい番組のスタッフに入ることが出来れば補塡できますが、そうそううまい具合には仕事が入りません。ずっとそういう仕事をしていたので、職場の人間関係に悩むなんて幸せだなと思っていたのです。

どんなに陰険な上司でも、社長でない限り、給料をカットしたり会社をクビにしたりすることはできません。怒られて言い返したとしても、部署を替えられたり、せいぜいがどこかに飛ばされる程度でしょう。私などはプロデューサーに逆らえば、たちどころにクビになるのです。そうするとたちまち収入が無くなり、オマンマの食い上げになるのです。実際、私は若い頃は我慢が利かないタイプだったので、言いたいことを言うせいで何度も番組をクビになってきました。そのお蔭で何度も窮乏生活を送りました。この本では書きませんが、二十代の頃の私の貧乏生活は相当なものです。

三十二歳で結婚した頃は、少しは性格も丸くなっていましたし、家族のために我慢することも覚えました。むかつくディレクターやプロデューサーはどこにでもいましたが、生活のためと割りきって言いたいことも我慢できるようになりました。もっとも当時の私を知る人たちに言わせれば、全然我慢していなかったということですが、私なりに我慢はしていたのです。

私が言いたいのは、生活と仕事が保障されていると、まずはそれが当たり前となって、そのことで悩むということはなくなり、人間関係みたいなもので悩むようになるということです。当人にとっては重大事なのでしょうが、そんなことで悩めるなんて、本当はすごく恵まれた環境にいるということに誰も気付いていません。

会社がいつ倒産するかわからない、あるいは常にリストラの危機にあるという人は、職場に気に入らない人がいても何とも思わないのではないでしょうか。少なくとも、それが一番の悩みということは絶対にありえません。

トイレ掃除を厭わぬ覚悟を

よく一流会社でリストラしたい社員を会社がいじめるという話を聞きます。部屋の端の窓際に机を置かれたり、誰もいない部屋でまったく意味のない仕事をやらせたり、あるいは一日中便所掃除をやらせたりといったものです。そういう屈辱に耐えかねて、多くの人が職場を去っていくようですが、私に言わせれば、精神力が弱すぎます。

今いる会社より給料も環境もいい会社に移れるならば、即座に辞表を叩きつけて辞めてしまえばいいのですが、はっきり言ってリストラ対象になるような社員ではそういう転職はまず無理でしょう。ならばどうするか——いじめに耐えればいいだけのことです。

机が一人離れているくらい全然何でもないではないですか。誰も話しかけてこないとしても問題なし。誰もいない部屋で新聞の切り抜きをして給料を貰えるなら、喜んで新聞を切り抜けばいいのです。便所掃除もしかり。トイレを綺麗にするだけでこんな給料を貰えるなんてラッキーと思えばいいのです。

ハローワークに通ってもなかなか仕事が見つからず、嫁がパートで働いても子供の塾代も出ない、家のローンも払えないというような生活と比べれば、会社のいじめくらい屁でもありません。私なら、毎日鼻歌をうたいながらトイレ掃除をするでしょう。

しかし多くの人はプライドを傷つけられて退職するようです。プライドって何でしょう。同期社員が小便をしている横で便器を洗うのはたしかに楽しくはありません。でもどうということはありません。トイレ掃除を本職にしている人は世の中に山のようにいるのです。彼らはもっと安い給料にもかかわらず、黙々と仕事をしています。要するにそれに耐えられないというのは、実に薄っぺらいプライドなのです。同時に精神力が足りなさすぎです。なまじ一流会社の社員だっただけに、くだらないプライドと見栄に縛られているのです。

本気で嫁や子供の生活を守るためなら、そんなものはいくらでも耐えられるはずなのです。私が同じ立場なら耐える自信があります。小便をしている同期に向かって、「若いのにションベンの出が悪いぞ。うかうかしてると、お前もトイレ掃除要員になるぞ」と笑って冗談を言ってやります。

今、会社の人間関係やリストラの圧力に悩んでいる皆さん、どうしても耐えられないなら、すぱっと会社を辞めましょう。独り身ならばそれもよし。泥水をすすって生きるのはカッコ悪いことではありません。しかし家族に惨めな暮らしをさせるくらいならば、少々のことは耐えるくらいの精神力を持ってもらいたいと思います。

いつでも便所掃除をするぜ、という覚悟があれば、案外人生は楽になると思います。

人間の耐久力には限界がある

降りると決めたらベタ降りする

仕事でノイローゼに陥る人が少なくありません。ひどい時は鬱病になったり、体に変調をきたしたり、最悪は自殺を選んでしまう人もいます。

私はそういうニュースを見るといつも思います。どうして逃げなかったんだ、と。

私は基本的に困難があっても逃げないで戦うタイプです。ですが、実はそれは「勝てる」と思っているからです。もうひとつ、「負けたってたいしたダメージは負わないだろう」と踏んでいるからです。

もし、十中八九負けるだろうなと予想したり、負けた時のダメージはきついかもしれないと思うと、とっとと逃げます。戦っても得なことは何もないからです。自慢じゃありませんが、私は逃げ足には自信があります。全然いい喩えではありませんが、麻雀をしている時、降りると決めたら、ベタ降りするようなものです。麻雀をご存じない方のために簡単な説明をすると、「降りる」とはアガリを諦めて打つことで、自分の手作りは無視して、ほかの人のアガリ牌と思われる牌（危険牌とも言います）を切らないようにすることです。そんな時一番してはならないのが、どっちつかずの作戦です。降りる方針で打っているのに、ドラ（アガリの時に点数が増える牌）を持ってきたり、急に手が進んだりすると、アガリに色気が出てきて、危険牌を切ったりするのです。結果、振り込んで痛い目に遭います。

実生活も同じです。「本当に嫌だ！」と思えば、とっとと逃げるのがいいのです。辛い仕事を頑張るのは悪いことではありませんが、そのために心を病んだり、体調を崩したりするのは、本末転倒です。一番いけないのは自分を騙し騙し頑張ることです。

この本の初めに打たれ強さは鍛えられると言いましたが、何でも耐えればいいというものではありません。人間の耐久力には個人差があります。これ以上打たれたら倒れると思えば、さっさとリングを降りるべきです。

責任感が仇になる

ところが世の中には、耐久力がないのに頑張り続ける人が意外に多いのです。つい最近、某居酒屋チェーン店で二十代の女性が過労が原因で自殺した事件で、両親に訴えられた会社が責任を認めて和解したというニュースがありました。記事には、女性の勤務時間は一日十時間を優に超え、しかも休日はほとんど取れなかったと書いてありました。ひと月の残業時間が百四十時間になる時もあったそうです。女性は手帳に「辛い」「助けて」と書いていたようです。

私はその記事を見た時、少し違和感を覚えました。たしかにその店は今どきの言葉で言えばブラック企業でしょう。過労で自ら死を選ぶほどの仕事をさせるというのは大いに問題です。ですが、女性は店の奴隷ではありません。また借金のかたに売られたのでもありません。辞められない契約で縛られたのでもありません。そう、彼女はいつでも好きな時に辞めることができたのです。

二十代で独身の彼女には扶養《ふよう》すべき家族もありませんでした。辛い労働に耐えなければならない身の上ではなかったのです。では、なぜ彼女は仕事を辞めなかったのでしょうか。それは本人以外の人間にはわかりませんが、私は、彼女は非常に責任感の強い人だったのではないかという気がしています。辛いからと簡単に職場放棄をすることをよしとしないタイプだったのではないでしょうか。もし彼女がちゃらんぽらんな人間なら、とっくに仕事を辞めていたでしょう。

もしかしたら、せっかく正社員になれた会社を辞めれば、次の仕事はなかなか見つからないという不安もあったのかもしれません。現代は身分が不安定な非正規雇用が多く、正規雇用された人はその仕事を失いたくないために、ブラック企業でも耐える人が少なくないと聞きます。もっともこれも私が想像するだけで、本当の理由は彼女にしかわかりません。ですが、たしかなことは、彼女は「助けて」と手帳に書くほど辛い仕事を辞めず、最後は自殺を選んだことです。

辛い時はとっとと逃げよう

過労死するまで働いたり、鬱病になるまで頑張ったり、最後は自殺してしまうほどの辛さを耐えるべき仕事は、この世に存在しません。

あらためて繰り返します。打たれ強さやスタミナは鍛えられますが、それには限界があります。筋肉も限界を超えて酷使すると潰れるように、精神力も限界を超えて酷使する（耐える）と潰れます。

耐えることや我慢することも大切ですが、自分の限界を見極めることも重要です。これ以上、耐えると潰れるというラインを自分でわかることは不可欠です。これは慣れで獲得するしかありません。

そして実生活において、「これ以上、頑張ると潰れるかもしれない」と判断した時は、素早く逃げるべきです。自分の体くらい大切なものはありません。そして逃げると決めたら、一刻も早く逃げるのです。そんな時に社会的体面や人間関係や義理などを考慮する必要はありません。逃げる時は何もかもほっぽりだして逃げるのです。

私の知り合いにテレビの制作プロダクションで働いている若い男性がいましたが、そのプロダクションは厳しい勤務体制で、彼は一年間ほとんど休むこともなく働き、ある日とうとう体を壊してしまいました。それで思い悩んだ挙句、会社を辞めることにしました。ところが上司や周囲の人たちから説得されたり懇願されたりして、結局、辞表は撤回して仕事を続けました。やりかけの仕事を放棄することができないという彼の責任感もありました。最初は少し休みを貰えたのですが、まもなく同じように酷使され、再び体の不調を訴えるようになりました。そして今度こそ会社を辞める決意を固めたのですが、またもや周囲の人たちの猛烈な説得にあって、その決意を翻しました。そして半年後、彼は鬱病になって会社を辞めました。それからは病気のために、どんな仕事にも就けなくなってしまいました。

最初の時にすぱっと辞めていれば、こんな事態にはならなかったはずです。彼の責任感と優しさが仇になった悲劇です。

でも実は、こうなったのは彼の「弱さ」でもありました。逃げると決めたら、「無責任な奴！」と非難されようが、「いい加減な野郎！」「薄情者！」と罵られようが、そんな声は無視すればよかったのです。

世の中には彼のように、そういう「弱さ」を持っているがゆえに、限界以上に自分を追い込んでしまって、取り返しのつかないことになってしまう人が少なくありません。

皆さん、いざとなれば、会社なんかどうでもいいのです。どうせ会社は他人のものです。それに周囲の人はあなたが本当に苦しい時には助けてくれません。そんな会社や人間のために限界を超えて頑張る必要はありません。

そして逃げると決めたら、とっとと逃げましょう。そしていざとなれば、人間関係なんか全部ぶっとばしてしまえるだけの「メンタルの強さ」を持ちましょう。

第四章　精神の解毒法

他人の目が異常に気になる人へ

まともな人は他人の目を気にする

自分は他人にどう見られているか――これを気にしない人はいないでしょう。もし、そんな人がいたとしたら、かなりの馬鹿です。人は社会的な動物ですから、他人とうまくやっていくことはとても大切です。それには、自分が他人からはどう見られているかを客観的に認識できるかが重要です。

「周囲からちゃんとした人間に見られたい」という気持ちは薄っぺらい見栄などではありません。それは社会生活を送る人間にとって必要不可欠なものです。たまにそういう意識が全然ないように見える人がいますが、周囲からすると相当厄介な人間です。学校のクラスや近所の自治会で決めたルールを無視して皆から鼻つまみ者にされようが平気な人、たまにいますよね。電車の中ででかい屁をしたり、静かなレストランで大きな声で喋るような人物も、そういう類の人間です。

また人は不特定多数の目だけでなく、特定の個人の目も意識して行動しています。好きな人には好かれたいと思うのは当然ですし、尊敬している人には自分も敬意を持たれたいと思うのも普通です。そして人はそうなるように振舞います。逆に自分にとってどうでもいい人間に対しては、そこまで気を遣いません。

つまり人は常に、自分は他人にどう見られているかを意識しながら行動しているわけです。ただ、その意識が強すぎると、いろいろと弊害が起きてきます。自分の言葉で周りから「変な人」と思われないだろうか、自分の行動が周囲の人の顰蹙を買わないだろうかと、気になりすぎて身動きが取れなくなってしまうのです。

他人の目ばかり気にする人とは

そんな人に、ひとつショッキングなことをお教えしましょう。

実は「他人の目を気にしすぎる」人は、周囲の人からは、まさに「他人の目ばかり気にしている人間」と見られているのです。

これは滑稽《こっけい》なことだと思いませんか。他人の目を気にして言いたいことも言えないで苦労しているのにもかかわらず、周りの人からは「あいつは他人の目ばかり気にして、本音を言わない人間」と見做されているのですから。そして敬意を持たれるどころか、むしろ軽く見られることになるのです。第一章の「バッシングを恐れるな」のところでも似たことを書きましたが、皮肉なことにこれが現実です。

嘘だと思うなら、周囲の人をよく見てみてください。「自意識過剰」の「言いたいことを言えずにいる自信のない人」「人と争うことが出来ずに、すぐに迎合的な意見ばかり言う人」「いつも人の顔色ばかり見ている人」はいませんか。そういう人をあなたは尊敬できますか。繰り返しますが、「他人の目を気にしている人」は周囲からはそう見られているのです。何とも馬鹿馬鹿しいでしょう。

周囲からは嫌われないように、軽く見られないように、馬鹿にされないようにと、一所懸命に気を遣って生きているのに、周囲からは逆にそれで軽く見られてしまうという皮肉な結果に終わってしまうのです。

あなたもそうであるように、人間は意外に観察力が鋭いものです。決してあなただけが観察力が鋭いとは思わないでください。あなたが他人の人間性をしっかり見ているのと同じように、他人もあなたの人間性をきっちりと見ているのです。

橋下徹流のバッシングの受け流し方

この本を書いている時、橋下徹前大阪市長と二人で食事をする機会がありました。そこで面白い話を聞くことが出来ました。

橋下徹氏と言えば、メディアのバッシングなども恐れずにものを言うことで有名です。ふつう政治家はマスコミの批判を恐れて、はっきりしたことを言いません。それでなくとも現代のマスコミは、ささいな言葉尻を捉えたり、一部の言葉を切り取ったり、悪意ある曲解をしたりして攻撃しますから、発言には慎重にならざるをえません。

ところが橋下氏は大阪府知事時代も市長時代も、そんなものは微塵も恐れず、歯に衣着せず、言いたいことをどんどん言ってきました。しかも定例記者会見で延々何十分も喋るのです。時には新聞記者相手に激論を交わします。これは大変な度胸です。

橋下氏との食事中、この本のテーマを思い出し、彼に質問しました。

「マスコミやネットの凄まじいバッシングがあるとわかっているのに、なぜ発言をオブラートに包まずに言い続けるのですか」

すると橋下氏は笑いながらこう答えました。

「木星から望遠鏡で地球を眺めてみたら、僕の言ってることなんか、全然どうってことないでしょう」

この答えには私も思わず笑ってしまいました。たしかに太陽系レベルで見れば、地球の中の小さな列島に住む一人の人間のセリフなどどうってことはありません。これは非常に面白い考え方です。ただ、そこまで言ってしまえば、人の生死さえもたいしたことではなくなってしまいます。あまりにも飛躍した発想です。

それで、「地球レベルで考えるとしたら、どうですか」と訊き直しました。

すると橋下氏はこう答えました。

「周囲を気にして言いたいことを言えない人は、もしかして、自分を特別な人間と考えているんじゃないでしょうか」

この答えには意表を衝《つ》かれました。橋下氏は続けてこう言いました。

「自分なんか所詮たいしたことのない人間だと割り切れば、何を言ってもどうってことないと思えるはずですよ」

かなり逆説的な考え方ですが、発想の転換としては面白いと感じました。

たしかに橋下氏のように大きな影響力のある立場にある人間の場合は、簡単に思いつきでものを語ることはできません。時には言いたいことをこらえなければならない時もあります。橋下氏は、そんなことを気にしないでいられる一般人ならば、バッシングを恐れる理由は何もないのではないかと言いたかったのでしょう。

この見方には大いに納得です。人は誰でも多かれ少なかれ自分は特別だ、皆とは違う、という意識があります。でも周りの人たちはあなたが思うほどにはあなたを特別視はしていません。

そこに気が付けば、周囲の目を気にせず、もっと自由に言いたいことを言えるのではないでしょうか。

有言実行を心掛けてみよう

不言実行は美徳なのか

昔から日本では「雄弁は銀、沈黙は金」と言われてきました。

なぜか雄弁な人は軽んじられ、寡黙《かもく》な人は一目置かれるという風潮がありました。この日本人の国民性が国際的な問題においては随分国益を損なう結果を引き起こしているのですが、それはさておき、「不言実行」という言葉も美徳のひとつとされてきました。

大言壮語《たいげんそうご》せず、黙ってやるべきことを為《な》す――なんとなくかっこいいですが、私は不言実行が素晴らしいという見方には疑問を持っています。それって、本当は自信がない人の言い訳ではないのかという気がするのです。

何か困難なことに挑戦する時、「私は今からこれをやります！」と宣言してからやった方が圧倒的にかっこいいと思うのですが、どうでしょう。あるいは目標をはっきりと口にする。そうなると、周囲は皆、はたして本当にできるのかと注目します。

もしできなかったら大変なことです。赤っ恥をかきますし、「ほら吹き」「はったり屋」と言われかねません。たいていの人はそういうリスクを負いたくないので、周囲の人に自分の目標をはっきりと宣言することはありません。

つまり「有言実行」するには大変な勇気がいります。これは言い換えれば背水の陣に自分を追い込むことに似ています。恥をかきたくなければ、何が何でもやらなければならないからです。

私は何も「有言実行」が素晴らしいと言っているわけではありません。またそれを積極的に推奨するつもりもありません。ただ大きな目標を持って、本当に不退転の覚悟でやるつもりなら、敢えて背水の陣で臨《のぞ》むというのは一つの方法ではないかと思います。

大言壮語にも意味はある

私は四十年前、高校を卒業する時に、「一浪して東大に行く」と宣言したことがあります。私が通っていた高校は県下で一、二位を争うほどの底辺校でした（同窓生や後輩がいるので名前は伏せます）。大学進学率は数パーセント、しかもそのすべては三流大学でした。私はその中にあって、毎年、落第ぎりぎりという落ちこぼれだったのです。

そんな私が高校卒業間際になって急に大学に行きたくなったのですが、当時の私の学力はといえば英語も数学も中学一年生レベル、その他の教科もとても高校生のまともなレベルではありませんでした。でも一念発起して勉強しようと思った私は、目標を東京大学に決めました。今から思えば呆れるほどの馬鹿丸出しですが、当時は本気でした。

でも勉強なんかしたこともなければ、やり方さえもわかりません。はたして実際に勉強を続けることができるのかどうかも不安でした。そこで、私は教師や友人たちに「一浪して東大に行く！」と宣言したのです。要するにそこまで自分を追い込めば、勉強が嫌になったくらいでサボったりはしないだろうと思ったのです。つまり背水の陣を敷いたわけです。当時、私は学校中の噂になりました。一年後、金銭的な事情で目標を東大から京大に移したのですが、結果は不合格。大言壮語していた私は大恥をかきました。

ちなみにその後も私の大言壮語は止まず、何かをやる時は必ず、大きな目標を掲げて、それをやると宣言してきました。まあ一種の癖のようなものになりました。結果は、できないことが圧倒的に多く、そのたびに恥をかいてきました。前にも書きましたが、私は本を出す時はいつも編集者相手に売り上げ目標の数字を宣言します。これまでその数字を超えたのは三割くらいでしょうか。目標数値に届かない時は編集者にひたすら平謝りです。私に謝られていない編集者はいないくらいです。でも、恥なんかいくらかいてもいいのです。むしろ恥をかくことで精神力が鍛えられたと思えば得したとすら思えます。

世の中には恥をかきたくないという気持ちから、前に出られない、行動できない、やりたいこともやれないという人が少なくないように思えます。そういう人にはこの「有言実行」をお勧めしたいと思います。目標を口に出して言うのは、やってみるとなかなか面白いものです。私には「言霊《ことだま》信仰」はありませんが、それでも言葉というものは不思議な力があると思っています。繰り返し自分自身に言い聞かせることによって、そのこと自体がエネルギーに代わるのです。

またまた自分の話で恐縮ですが、十年前、私は家族に「小説家になる宣言」をして、それまでやっていたテレビの仕事を減らして小説に挑戦しました。結果は宣言通りになりましたが、おそらく不言実行していたなら、できなかったのではないかと思っています。その詳しい顛末《てんまつ》は別のページで語りたいと思います。

お世辞くらい上手に言え

下手なお世辞は見透《みす》かされる

会社にはお世辞の上手な男がいます。上司にうまく取り入り、出世していくタイプです。私は小説家なので、そういう世界とは無縁ですが、そういうタイプの男が傍《はた》で見ていて気持ちのいいものではないのはよくわかります。

そして多くの男性はこう思うでしょう。

「俺はあんな見え透いたお世辞なんか言うような男になりたくない。そこまでして出世しようとは思わない」と。

しかしそう考えている多くの男性は、実は大きな考え違いをしています。見え透いたお世辞で出世できるほど、会社も世の中も甘くはありません。大きな会社や組織で出世する人は、やはり何らかの能力がある人なのです。すべての上司が人を見る目に長《た》けていると言うつもりはありません。ですが、お世辞が上手いだけで部下を出世させる人はいません。もし、同僚があなたよりも早く出世したとすれば、同僚にはあなたよりも優れた何かがあるのを認めなくてはいけません。彼はお世辞も上手いかもしれませんが、決してそれだけで出世したのではありません。

あなた自身を振り返って見てください。部下に見え透いたお世辞を言われて気分がよくなるでしょうか。愛想笑いを受かべ歯の浮くようなお世辞を言われて、喜びを感じるでしょうか。そしてそういうことを言う部下を好きになるでしょうか。もしあなたが課長なら、そういう部下を係長にしたいと思うでしょうか。

これはあなたの上司も同じです。作り笑いと上っ面の褒め言葉をあなたがすぐに見破るように、上司だって気付きます。決してあなただけが観察能力がある人間ではないのです。

お世辞が言えない人は出世しない

世の中には、お世辞がうまく言えない人がいます。

そもそも口下手で無口な人もいますが、そういう人はここではひとまずおいておきます。普通に会話ができるのにお世辞が上手く言えない人の中には、上司や目上の人にそんなことを言うのはプライドが許さないと考えている人が多いようです。そんなタイプの深層心理には、「自分は上司にお世辞を言って出世するタイプと思われたくない！」「ゴマすり野郎に見られたくない！」というような気持ちがあるようです。

その思いが強すぎる人の中には、本当に尊敬している上司に対しても、素直に称賛の言葉を言えない人もいます。私に言わせれば滑稽な自意識過剰です。

お世辞だけでは出世することはないと書きましたが、実はお世辞を上手に言うのは、社会人の能力のひとつなのです。

友人や親しい人の優れた部分を評価し、それを本人に伝えるのは素晴らしいことだとは思いませんか。それは何も本当に称賛できるものに限りません。恋人や親しい友人のちょっとした長所でも、それを褒めることで、その人が喜ぶと思って言うことがあると思います。あなたの子供が何でもないことができた時も、「○○ちゃん、すごいね！立派だね」と言うでしょう。はたしてそれはお世辞と言えるものでしょうか。

またあなた自身が密かに自負している能力を誰かに評価してもらったり、何でもないことでも恋人や奥さんに褒められたら嬉しさを感じるでしょう。

これは親しい者同士の間だけの話ではありません。会社でも同じです。上司の優れた一面や業績を褒めるというのは、人間関係においては大いに潤滑油《じゅんかつゆ》になります。でも実は上司に堂々とお世辞を言うというのは、意外に難しいものなのです。恋人や親しい友人には気軽に言えても、上司が相手だとなかなか上手く言えません。まして人間的に嫌いな上司だと、彼を称賛する言葉を口にするのは相当な精神力を必要とします。

しかし個人的な好悪と仕事の能力は別です。いかに嫌いな上司でも仕事ができる男なら、それを評価するのに躊躇する理由はありません。それが嫌だと言うのなら、あなたを嫌う上司に仕事が評価されなくても恨んではいけません。

お世辞のうまい男はなぜ出世するか

ここまで読んでいただいた方ならもうおわかりでしょうが、上司に上手にお世辞を言える人間は、上司に好かれることはあっても嫌われることはありません。

もし出世したあなたの同僚が上司にお世辞を言うような人間なら、そのお世辞は、「見え透いたお世辞」ではなく、「上手なお世辞」なのです。

スポーツ選手はプレイだけで評価されます。楽器演奏者は演奏能力で評価されます。しかし一般的な会社組織に属する会社員の仕事は総合的に評価されます。すなわち交渉力、営業力、アピール力、マネージメント能力、人心掌握《しょうあく》力、プレゼン能力、管理能力、などなどです。そして、これらの多くは言葉に頼るものが大きいのです。

つまり適宜にお世辞も使いこなせない会社員は、前記の様々な能力において劣ると見做されても仕方がない面もあるのです。上手なお世辞を自在に使い、上司を気持ちよくさせる社員なら、そうした面においては合格です。

もっとも会社員で最も大事なのは仕事ができるかどうかです。ただ、もし仕事の能力が互角の社員が二人いて、一人はお世辞が上手で、もう一人はうまくお世辞が言えないなら、どちらが出世するかは火を見るよりも明らかです。

さあ皆さん、明日からどんどんお世辞を言いましょう。上司の長所を見つけて、うまいタイミングでそれを言葉にしましょう。ただし、見え透いたお世辞は駄目。これは逆効果になりかねません。それだけはくれぐれもご注意ください。

他人の悪口は大いに言うべし

私は悪口が大好き

ものわかりのいい大人はよく「他人の悪口は言うものではありません」と言います。実際に、もしかしたらそういう人格者の両親に育てられたのか、他人の悪口を言わない人がたまにいます。

でも私に言わせれば、他人の悪口を言わない人はおそらく早死にする人が多いと思います。なぜなら、心に大いにストレスをため込むに違いないからです。

他人に対して腹立たしい気持ちや許せない気持ちを抱かないで人生を送ることは不可能に近いと思います。というのは世の中には、本当にどうしようもない人間が溢れかえっているからです。残念ながら、今の日本は善人ばかりが住む極楽浄土ではありません。

周囲にそんな人物がいると、穏やかな人でもむかつく時があるはずです。私のように短気で後先を考えずに、直接その人に「お前はどうしようもない奴だ」と言うような人はあまりいません。たいていの人は様々なケースを考えて、ぐっと我慢します。しかしそのぐっと我慢したストレスは心の底にたまります。それは必ず体に良くない影響を与えます。そのストレスを酒やカラオケやゴルフで発散できれば問題はありませんが、なかなかそううまくはいきません。では、どうするか。

対人関係における鬱憤《うっぷん》のストレスを解消する一番いい方法は、その人物の悪口を思い切り言うことです。

さきほど私は直接その人物に言うと書きましたが、そうはできないケースもあります。若い時なら、失うものもなく、恐いものなしでしたから、誰に対しても好きなことを言ってきました。しかし六十歳を超えてそれなりの地位になり（たいした地位ではないのですが）、付き合う人たちのステイタスが若い時代とは段違いになった今は、なかなか好き勝手にものを言うことはできません。また発言の影響力もあります。こう見えても少しくらいは考えているのです。それで、本人に面と向かってものを言えないストレスは、悪口を言うことで発散しています。

皆さんも身に覚えがあるでしょう。気の置けない友人たちと、共通の知人の悪口を言う時の気持ちよさを。

そうなのです。悪口は楽しいのです。楽しいということはどういうことか――ストレスが大いに解消されるということにほかなりません。こんなことはわざわざページを使って説くことではないのかもしれません。飲み屋でのサラリーマンの一番の話題は、「上司の悪口」らしいですから。同じく井戸端会議の奥様たちの話題も「嫌われ者の奥様の悪口」と言います。つまり多くの人が悪口は楽しいということをわかっているのです。

ただそうは言っても、多くの人の心の中には「本当は他人の悪口や陰口はよくないことだ、卑怯なことだ」という思いが潜在的にあります。その証拠に、悪口で盛り上がっている時に、もし誰かが「他人の陰口はよくないよ」と言い出したりすれば、皆、ばつの悪い顔をします。でも、後ろめたい気持ちなんか持つことは全然ないのです。その人のいないところでの悪口は誰にも迷惑をかけていないからです。これがよくないことというなら、心で思うこともよくありません。

駄目なのは、その人物を不当な手段で陥れるためのはかりごとです。これはもはや悪口を超えた陰湿なものです。悪口はそんなものであってはいけません。互いに大声で笑い合って言えるものが理想的な悪口です。そう、悪口は健康的なものなのです。そして聞く者を面白がらせなくてはならないのです。上手な人の悪口は「芸」になっています。

注意してほしいのは、目上の人や上司が語る悪口には、調子に乗って付き合ってはいけないことです。彼らが部下に語る他人の悪口は、派閥形成や社内抗争に利用できるかどうかが頭にあるからです。それは健康的な悪口ではありません。さらに言えば、上司はあなたの忠誠心と人間を見ています。そんなものに調子を合わせていると、後で厄介なことになります。ですから、適当に相槌《あいづち》を打っておくにこしたことはありません。

悪口は、何度も言うように気の置けない友人と、明るく健康的に語り合うのがベストです。

他人の悪口を言わない人は信用しない

先ほど少し書きましたが、世の中には「他人の悪口を言うのはよくないよ」と発言する人がたまにいます。はっきり言いますが、そういう人はほとんどの場合、偽善者です。もちろんごく稀に、「この人は菩薩の生まれ変わりか！」と思うような人もいます。本当に性格が善くて、人を恨んだり、憎んだりしたことが一度もない人です。六十年の人生で数人出会ったような気がしますが、そういうのは超レアな人間です。それと、小さな声で言いますが、いずれもちょっと鈍いところがありました。

　ですから、前記のようなセリフを吐く人は、まあ偽善者と思って間違いありません。偽善者にも二通りあります。一つめは意図的にいい人を演じる偽善者で、しばしば裏で他人の足を引っ張ったり、犯罪のようなことをするタイプです。詐欺師などはその典型です。ニュースなどではよく見ますが、実生活ではあまり周囲にはいません。二つめは無意識にいい人になろうとするタイプです。おそらく子供の頃から「他人の悪口など言うものではありません」と同じような偽善者の両親から育てられたのでしょう。

　私はそういう人を信用しません。なぜならそういう人は自分にも嘘をついているからです。自分に嘘をつく人間は、他人にも嘘をつきます。この場合の嘘というのは「本音を言わない」という意味です。ですから私はそういう人を信用しないのです。

他人に無関心な人も悪口を言わない

　もうひとつ、他人の悪口を言わない人の中には、「人間に興味がない」人も少なくありません。そもそも周囲の人の言動に無関心なマイペースな人はあまり他人の悪口を言いません。ふつうの人ならかちんときたり、「それってどうなの?」と思うような言動に対してもあまり感じないタイプの人です。ですから、そういう人に悪口を言っても、少しも盛り上がりません。みんなである人の悪口で盛り上がっても、一人だけ「へえ、そうなの」と言うような人です。

逆に、聞いている人たちを「なるほど！」と納得させる上手な悪口を言う人は、人間観察に優れた人が多いです。中には悪口が「芸」になっていると思わせる巧みな人もいます。こういう人は観察眼に加えて表現力も抜群です。私も何とかその域に到達したいと思っています。

面白いことに、悪口が上手な人は、人を褒めるのも上手です。人の長所も短所もよく見えている人だからこそ、悪口にも深みがあるのかもしれません。かくいう私も、悪口好きは人後に落ちませんが、実は人を褒めるのも大好きなのです。それが上手いかどうかは別にして、「いい人だな」とか「優れているな」とか思うと、直接本人にも言いますし、周囲の人にも言います。ただ、しばしば悪口とごちゃまぜにして言ってしまうので、喜ばれることが少ないのが残念です。

悪口を言えば長生きできる？

これはある老人施設の医師から聞いたのですが、元気で長生きしている老人たちは、多くが人の悪口が好きというのです。私はそれを聞いた時、我が意を得たりと思わず膝を打ちました。昔から「憎まれっ子、世にはばかる」という言葉があります。はばかるというのは長生きという意味ではありませんが、おそらく憎まれ口を叩いている老人はなかなかくたばらないような気がします。

年を取ってもいまだに第一線でばりばりやっている会社オーナーや社長などは、たいてい他人の悪口が大好きです。そうした人たちは人一倍闘争心を持っているので、余計そういう面が助長されるのかもしれませんが、そういうところを見ると、あらためて「憎まれっ子、世にはばかる」は本当だなあと思って楽しくなります。

その逆で「善人ほど早死にする」という言葉もよく言われます。これもわかる気がします。おそらくは他人の悪口などは言わずに、「善い人」でいた人はストレスを溜めこんだことによって、長生きはできなかったのでしょう。

ですから私は敢えて美しい道徳に反することを言います。

皆さん、どしどし人の悪口を言いましょう。

謝罪と訂正を躊躇するな

すぐに謝る日々

私は失言と暴言を繰り返す男と見られています。これまでマスコミからは散々に叩かれてきました。

ですが、それについて一度たりとも謝罪も訂正もしたことはありません。新聞もテレビもネットも、何とか私に非を認めさせよう（つまり謝らせよう）とする凄まじい同調圧力を感じましたが、私は断固、謝罪も訂正もしませんでした。表現は多少乱暴なところはあったものの、一度も間違った内容は言っていないという信念があったからです。

その一方で、実は実生活の私くらいよく謝る人間もいません。家族も、一緒に仕事をしているテレビ局の人も、出版社の人も、皆、証言してくれるはずです。意外に思われるかもしれませんが、事実です。もしかしたら、日本で一番謝った回数の多い小説家かもしれません。

というのも、お恥ずかしい話、実生活での失敗やミスがめちゃくちゃ多いのです。当たり前ですが、そんな時にはすぐに謝ります。また不用意な発言で人を傷つけたり、怒らせたりといったことも数知れません。私は国や組織や会社、あるいは政治家などに対して言ったことは絶対に謝罪も訂正もしませんが、身近な人や仕事仲間に対しての発言では、言い過ぎたと思った時は素直に謝罪します。そんな時は目下の人であろうが自分の子供であろうが、きちんと謝ります。

ところが世の中には明らかに自分に非があっても、絶対に謝らない人がいます。いや、非を認めようとさえしない人がいます。ここで「お前もそうじゃないか！」とおっしゃった読者の皆さん、是非、私の『大放言』を読んでください。マスコミがいかに私の言葉の一部を都合よく切り取り、あるいは悪意で曲解して報道したのかが書いてあります。

真の偉人は頭を下げられる

話を戻しましょう。他人に謝らない人というのはどういう人なのでしょうか。

すごく負けず嫌いの人のような気がします。そしてプライドが異常に高い。人に頭を下げると負けた気分になるのかもしれません。おそらくそれに耐えがたい屈辱を感じるのでしょう。

でも、私が出会ったそういう人の中で、「大物」だと感じた人はひとりもいません。むしろ非常にスケールが小さいというか、わずかなプライドを守るのに必死なのだというこことがありありとわかる人が多かったです。すぐにぺこぺこ謝る私もかなり小物感満載の人間ですが、自分の非を認めようとしない人は小さい人間にしか見えません。そういう人は当然、人望もありません。

反対に、自分が間違っていたとわかった時、相手が目下でも素直に「悪かった!」と言える人は周囲の人から慕われます。

私の愛読書のひとつに『ウイーン・フィル　えぴそーど』(立風書房)という本があります。かつて世界一上手く、世界一プライドが高くて、世界一気難しいオーケストラと言われたヴィーン・フィルハーモニー管弦楽団に残る数々の伝説がまとめられた本です。驚いたことに、その本では、「楽壇の帝王」と呼ばれたヘルベルト・フォン・カラヤンをはじめ、名立たる一流指揮者たちがけちょんけちょんにけなされています。天下のヴィーン・フィルにとっては、世界的な指揮者であろうと知ったことではないのです。

ところが同書にははっきりと畏敬《いけい》の念を持って書かれている指揮者が二人だけいます。一人はヴィルヘルム・フルトヴェングラーです。二十世紀最高の指揮者と言われたフルトヴェングラーは、ヴィーン・フィルにも愛された指揮者だということがこの本を読めばわかります。もう一人はハンス・クナッパーツブッシュです。フルトヴェングラーと同じ一八〇〇年代の生まれですが、第二次大戦後は地方都市ミュンヘンからほとんど動こうとせず、またレコーディングに積極的でなかったせいもあり、世界的な名声とは無縁で終わった人でした。しかしその演奏はとてつもないスケールを持っていて、没後半世紀経った今も、世界中に熱狂的なファンがいます。ちなみに私もその一人です。

同書には、クナッパーツブッシュの愉快なエピソードが載っています。ある時、彼が演奏中に指揮を間違えて、オーケストラの一部が混乱したことがありました。聴衆はオーケストラのプレイヤーがミスをしたのだと思います。その時、クナッパーツブッシュは全員に聞こえるような大声で、「間違ったのはおれだ！」と言ったのです。オーケストラ団員たちが彼に心酔する理由がわかります。

自分の非を認めることができる、あるいは目下の者にでも謝ることができる人というのは、自分に自信のある人だと思います。また、そんなことくらいでは傷つかない本当のプライドを持っている人だと思います（私はすぐにぺこぺこ謝りますが、自分に自信があるわけではありません。そのあたりは厳しく突っ込まないでください）。

逆に自分が悪いのに人に頭を下げることができないタイプの人は、本当は自信がなく、薄っぺらいプライドを保つのに必死な人間だと思います。

ですから皆さんも、「間違った」と思えば、クナッパーツブッシュのように「俺が悪かった」と大きな声で言えるくらいの心の強さを持ってください。

ただし、謝るべきでないところでは絶対に謝ってはいけません。非を認めるべきでないところでは絶対に非を認めてはいけません。相手との関係がスムーズになると思って、あるいはその場しのぎのためにそうする人がいますが、それはとんでもない思い違いです。いったんそんなことをやれば、相手はあなたを完全に見下します。そして次には理不尽な要求を突きつけてくるでしょう。その典型的な例が、日韓関係ですが、ここではその話はやめましょう。

百年後の世界から自分を見てみよう

『サテリコン』のラストシーン

私の大好きな映画にイタリアのフェデリコ・フェリーニ監督が作った『サテリコン』（一九六九年、伊仏）という映画があります。頽廃した古代ローマを舞台に、二人の若者の遍歴と冒険を描いた物語です。

豪華絢爛《けんらん》な映像の中に夥しい人物が登場し、彼らを通して、愛、憎しみ、嫉妬、性欲、悲しみ、怒りなどが剝《む》き出《だ》しの形で描かれている凄まじい映画です。主人公二人を除いたほとんどの登場人物に不気味なメーキャップが施され、人間のおぞましい欲望がデフォルメされています。

この映画のラストシーンで、フェリーニは心憎い演出をします。主人公の若者はローマに絶望し、仲間たちと船に乗って新しい世界に旅立ち、ある島にたどりつきます。この時、アップになった彼の顔がゆっくりと絵に変わっていくのですが、カメラが引いていくと、それは廃墟となった古代遺跡の壁画の一部なのです。さらにカメラがパーン

（移動）すると、壊れた壁画にはそれまでの登場人物たちの姿が描かれています。

私が初めてこの映画を観たのは十代の終わりでしたが、そのシーンに非常に感銘を受けました。物語の中に生きてきた人たちは主人公も含めすべて、二千年後にはもう跡形もなくなっているのだなと思ったのです。

そこにはもはや愛も憎しみも悲しみも欲望もうたかたのごとく消え去っています。それ以来、私は折に触れ、思うようになりました。「百年経てば、私も含めて今この世にいる人たちは、誰もいないんだなあ」と。

悩みや悲しみも愛おしい

私たちは日々、様々な思いを味わいながら生きています。

恋の喜びを味わうこともあれば、マイホームを手に入れて幸福を感じることもあるでしょう。あるいは仕事を失ってショックを受けることもあれば、愛する人を失って悲しみにくれることもあるかもしれません。友人とケンカしたり、競馬で負けたり、車を買ったり、美味しいものを食べたり、セックスしたり――そういうことの繰り返しの中に人生は過ぎていきます。

でも百年経てば、そんな思いも出来事も、どこにもありません。あなたが百年前の曽祖父のことをほとんど知らないように、百年後の世界であなたを覚えている人もほとんどいないでしょう。

私は辛いことや悩みごとがあったりすると、「こんな悩みも、百年後には幻のように消えているんだろうなあ」と考えます。そして百年前の人たちもいろいろと悩んできたのだろうなあと思います。そしてきっと百年後の人たちも、今の私と同じようにささいなことで悩んだり苦しんだりするのだろうなと思うと、おかしさとも悲しさともつかぬ何とも言えない気持ちになります。

すると、今、私が悩んでいることさえ何か素敵なことのように見えてくるから不思議です。悩んだり悲しんだりできる人生がとても愛おしいものに思えてくるのです。

百年後には、あなたが命懸けで愛した女も、殺してやりたいくらい憎んだ男も、あなたの友人も、あなたの子供も、誰一人この世にはいません。

あなたの想いも、生甲斐《いきがい》も、夢も、怒りも、悲しみも、絶望も、すべては霧のかなたです。二度と現れることはありません。あなたの在りし日の姿や思い出がいっぱい詰まった写真やデータさえもすべて消え失せていることでしょう。もしかしたらプリントアウトされた写真くらいは、映画『サテリコン』のラストの壁画のようにどこかに埋もれて残っているかもしれません。

どうですか、そんなことを考えると、今、あなたが抱えている悩みも、むしろ人生の楽しみの一つのように思えてきませんか。

第五章　鋼の処世訓

幸せの基準を他人に求めるな

比較対象は周囲にいる

人はどういう時に幸せを感じるのでしょうか。

もちろん何に幸せを感じるかということは、皆、価値観が違うので、一概には言えません。ただ、心理学の世界では面白い実験データがあります。

それによると、人は自分がおかれている経済的な状況の価値を判断するのに、絶対的な数値で見るのではなく、周囲との比較で見ていることがわかったのです。また別の調べでは、人は生活満足度を「所得額」よりも「所得順位」で見ていることがわかっています。つまり人が金銭的な幸福を感じるのは、身近な人よりどれだけ多く稼いでいるかを確認できた時なのです。

これは大いにわかる気がします。多くの人はいつも身近な友人や同僚や近所の人と自分を比べて生きています。サラリーマンなら同僚よりも早く出世したりすれば、その喜びは天にも昇るものでしょう。その反対なら、悔しくて何もかも呪いたくなるでしょう。

会社の社宅に住んでいる奥様方の関心の多くは、同じ社宅に住む同僚の奥様たちの暮らしだといいます。もしいつも仲良くしている奥様の亭主が昇給し、自分の夫の給料よりも上回ったとすれば、その悔しさと悲しさは大変なものだということです。自分の子と年が同じよその子供が有名小学校や中学校に入ったりすると（まして自分の子が不合格だったりしたら）、身をよじるほどの嫉妬を感じる奥様もいるようです。人によっては隣家の車のグレードが上がったりしても嫉妬で苦しむといいます。一概には言えませんが、社宅は嫉妬と羨望が絶えず渦巻く世界だと聞きます。

たいていの人は、自分とは無縁だと思っている人たちの人生と自分とを比べたりはしません。あの人たちより恵まれていると自分を慰めることはあっても、それで幸福を感じたりはしません。反対に大金持ちを見て、自分はなんという不幸だと泣くこともありません。ですから、社宅に住む奥様たちも、同じ町内の貧しいアパートで暮らす奥様や、山の手に住む豪邸の奥様たちと自分とを比べたりはしません。

彼女たちの嫉妬と羨望の対象は、あくまで同じ社宅に住む奥様たち（とその夫たち）なのです。

自分の幸せは自分で決めよう

どうやら人間というのは、周囲の人より少しでも恵まれれば、それですごく幸福感を抱く生き物らしいのです。なるほどとは思いますが、私はそれは何か寂しい気がします。というのは、そこには自分の幸せの基準がないからです。いや、基準はあるのかもしれません。でもそれは他人の人生が物差しになっています。

自分の幸せの基準が他人にあるって、空《むな》しくないでしょうか。

私はいい年をして「自分大好き人間」です。他人の小説が私よりも売れただけで面白くない気分になるほど狭量《きょうりょう》な男です。それどころか自分が面白いと思わなかった本を友人が褒めるだけで頭に来るほどです。この呆れた性格は家族にも笑いものにされているくらいです。

でも、他人の本の売れ行きや他人の人生を、自分の幸福の物差しにしたことは一度もありません。身近な友人や知人が大金を得ようが、美女を射止めようが、高い地位に昇ろうが、嫉妬を覚えたことは一度もありません。そいつが私の嫌いな人物なら、むかっ腹は立ちますが、基本的に私には関係のないことです。もちろんその逆に、身近な人が恵まれない状態に陥ったとして、そのことで幸福を感じたことなど微塵もありません。

　ここまで書いていて、ふと、私を差し置いて誰かが幸運を射止めたならばどうなのかという疑問が湧きました。私は、今は文学賞の候補は一切断っていますが、デビューした頃は候補に選ばれると喜んで受けていました。受賞したのは本屋大賞だけで、あとはすべて落選したのですが、その時の受賞者に嫉妬するということはまるでありませんでした。というのは、賞というのは人が選ぶものだからです。選考委員は神様ではありません。本屋大賞以外の文学賞の選考委員は同業の作家です。その人たちが選んだ結果に一喜一憂するのは馬鹿げています。私は自分でも呆れるほど傲慢な性格なので、落選すると、選考委員の目がふし穴だったんだなと思うことにしています。もちろん賞を獲れば本が売れるので儲かりますが、獲れなかったところで、どうということはありません。

　話が脱線しましたが、とにかく他人を物差しに自分の幸福を測るくらい馬鹿馬鹿しいことはありません。常に自分を他人と比べて、勝っているか負けているか、幸福かそうでないか――意識的、無意識的にかかわらず、そんな比較ばかりしている人は、はっきり言って一生、本当の幸福感を味わうことはないでしょう。

　これまでに何度も述べてきたように、今の日本ほど恵まれた国は滅多にありません。経済力、治安状況、医療体制は世界トップクラス、携帯電話や自動車の所有率も群を抜いて高く、もちろん飢餓などとは無縁の国です。平均寿命は世界一です。他国から見てもこれほど羨ましい国はないでしょう。発展途上国から見れば、まるで天国のような国に見えるはずです。ところが、国連の『世界幸福度報告書』（二〇一六年度版）によれば、日本人の「幸福度」は世界百五十七ヵ国中、五十三位。国民の多くが貧困にあえぐベネズエラやニカラグアやウズベキスタンよりも下位なのです。日本人はこんなに素晴らしい環境に暮らしていて、自分を少しも幸福と思っていないのです。

これは結局のところ、私たちが自分の幸福を常に他人と比べてばかりいるからにほかなりません。そろそろ、そういうことはやめにしませんか。幸福の基準を自分で持とうではありませんか。

それが出来た人は幸福を摑める人になれると信じています。

自分をわかってくれないと嘆くな

「本当の自分を見て」という甘え

もしあなたが「自分を見て」「自分は正しく評価されていない」「本当の自分を見てもらえていない」という意識を持っているなら、それはただちに捨てたほうが賢明です。そういう気持ちはすべて弱い精神から来た「甘え」だからです。

前にも書きましたが、他人はあなたをしっかりと見ています。おそらくあなたが見ている「あなた」よりもずっと客観的に見ています。信じたくないことかもしれませんが、これは事実です。

そうではない！　と反論されるあなたに、申し上げたいことがあります。あなたが持っていると思っている素晴らしい能力をきちんと発揮していますか。実際にそれを使って仕事の業績を挙げていますか。あるいは人間関係において、周囲を魅了する話をしていますか。多くの尊敬を勝ち取る行いをしてきましたか。中にはそういう人もいるかもしれません。でも、多くはそうではないでしょう。

「他人は本当の自分を見てくれない」という人のほとんどの気持ちは、実は、表に現れない内側の自分の能力、美点、長所を見てほしいというものです。その気持ちはわかります。

でもいったいあかの他人の誰が、ふだん表に出さないあなたのそういう部分に、わざわざ目を向けてくれるでしょうか。周囲の人や会社の上司は、あなたのご両親でもなければ恋人でもありません。あなたの秘められた素晴らしさを積極的に見つけようとはしてくれませんし、当然ながら、そんな義務はどこにもありません。

周囲の人は、ふだんの生活であなたが見せている姿だけを見ています。あなたが出している能力と言動だけを見ています。そのことで、彼らの人を見る目のなさを非難したくなったならば、その前にあなた自身の甘えを非難すべきです。

環境が変われば伸びると思うのは錯覚

環境さえ変われば、自分は生まれ変わって能力を発揮できるはず――こう思っている人がたまにいます。実際に、素晴らしい能力に恵まれながら、それを十分に発揮できない環境にいる人がいます。

私はこれまで転職で成功してきた人を何人も見てきました。彼らにはある共通点があります。それは、前職でも成功を収めてきた人ということです。

恵まれた環境とそうでない環境というのはたしかにあります。植物でも種を蒔《ま》かれた土地によって、発育状態がまるで違います。土が肥えて、日当たりがよく、水はけがよい場所に蒔かれた種はすくすくと育ちます。反対に、水が少ない、日の当たらない痩せた土地に落ちた種はなかなか成長しません。

でも、そういう場所に育った草を見ていると、その中でも頑張って伸びている草と、そうでないのとがあるのです。恵まれない環境にも負けず頑張って伸びている草を、日当たりのいい場所に植え替えてやると、その草は見事なまでに成長します。けれども、そこで頼りない成長しかしていない草をいい場所に植え替えても、たいていはそれほど伸びないものです。

もしこの本を読んでおられる読者の中で、転職を考えている方がいらっしゃれば、訊ねたいことがあります。あなたは今いる場所でトップクラスの社員ですか、と。もしそうではないということなら、転職しても大成功は望めないと思います。

誤解しないでいただきたいのですが、転職をするなと言っているのではありません。

自分に合わない環境なら、それを変えるのは大いに意味のあることです。人はよりよい環境を求めて動いていくものだと思いますし、そうあるべきだとも思います。

私が言いたいことは、環境を変えれば、それまで眠っていた自分の能力が発揮されるのではないかと何の根拠もなく思っているなら、そんな夢は人生に役に立たないどころか、むしろマイナスだということです。

身の丈にあった理想とは

人は誰でも、自分の内側に「こうありたい自分」を持っています。一方で「現実の自分」があります。その二つが一致することはまずありません。でも、「現実の自分」に「こうありたい自分」を近付けようとするから、努力も出来るし、理想に向かって進むことができます。

ただ、「こうありたい自分」のイメージがあまりに「現実の自分」と乖離していると厄介です。なぜなら、そういう人はしばしば努力を放棄してしまうからです。あまりにも理想が高いゆえに、少々の努力や頑張りでは近付くことができないと無意識にわかっているからです。そしてそういう人は、「現実の自分」を見つめようともしません。

皆さん、理想像を持つのは大事なことです。特に若い人にとってはそれが大きなエネルギーとなります。でも、身の丈にあった理想像を持ちましょう。身の丈にあったというのは、それに向かって努力できる理想ということです。だから、努力さえできるなら、どれだけ大きな理想を描いてもかまいません。ただし、努力を放棄した理想は、実は理想ではありません。それは弱い心が生み出した「現実逃避」にすぎないのです。

一日で変わった者は一日で元に戻る

自己啓発セミナーで変身した男

少し前になりますが、あるテレビ番組の企画会議中、それまであまり会議で発言しなかった三十代初めのディレクターが、突然よく意見を言うようになりました。また以前にはそんなことはなかったのに、企画案も積極的に出すようにもなりました。

私は彼が所属する制作会社の上司に、彼に何があったのだと訊きました。すると上司は嬉しそうに言いました。

「前とは全然違うやろ」

「うん。お前が何か言うたんか」

「何も言うてへん。あいつはこの前、自己啓発セミナーに行ったらしくて、それですごく感銘を受けたらしい」

「そのセミナー受けて変わったんか」

その上司は頷きました。

「次の日、本人が、自分は生まれ変わりましたって言うたから、最初は本気にせえへんかったんやけど、ほんまに仕事態度がまるっきり変わったんで、びっくりしてるんや。あいつはええディレクターになるわ」

上司は上機嫌で、これから他の若いディレクターたちもどんどん自己啓発セミナーに送り込むと意気込んでいました。

私はしばらく注意してそのディレクターを見ていました。たしかに仕事に対する態度が前とは変わっていました。驚いたのは以前は猫背だったのが、背筋がぴんと伸びていることでした。私は、「へー、人間って気持ちが変わると姿勢まで変わるんや」と感心しました。

ところが、二週間も経たないうちに、彼の会議での積極的な態度は急速にしぼんでいきました。同時に、伸びていた背筋もだんだん丸くなっていきました。そして翌月にはもうすべてが完全に元通りになっていました。

私は、やっぱりな、と思いました。なぜなら人間というものは簡単には変わらないと思っていたからです。極端な言い方をすれば、「一日で変わったものは一日で元通りになる」のです。もっとも彼の場合は元に戻るのに二週間かかりましたが、実質はあまり変わらないでしょう。

人は、本を読んだり、映画を観たり、あるいは感動的な場面に出くわしたり、素晴らしい人の話を聞いたりして、いたく感銘を受けて「自分は生まれ変わった！」と実感することがよくあります。その時は本気でそう思います。私も若い頃は何度もありました。

「よーし、明日から、死に物狂いで努力しよう！」

「生まれ変わって頑張ろう！」

本や映画で感動の涙を流しながら、本気でそう誓ったことは数えきれません。でも情けないことに、そんな意志は三日と続いたことがありません。

でも、決して「生まれ変わった」という意識が錯覚なわけではありません。その時は本当にそう思っているのです。ただ、心や性格というものは一瞬では変化しないのです。変わったと思うのは心の表面だけです。中や深いところは全然変わっていないのです。肉を熱い鉄板の上に置くと、表面はたちまち焼けて色が変わりますが、中身は全然焼けていないのと同じです。

また別の喩えで言えば、今の心や性格は長い間かかって作り上げてきたものです。それまでの人生の中で様々な経験を経ながらいろいろなことを考えながらできあがったものです。それがたった一日でがらりと変わってしまうというのは、逆に考えれば、すごく奇妙なことではないでしょうか。

十年かかって太った人が十日でダイエットに成功するでしょうか。無理すればできるかもしれません。でもあっというまにリバウンドするのは火を見るよりも明らかです。

ですから、一日で簡単に生まれ変われるとは思わないでください。

でも人は変われる

でも本当は、人は変わることができるのです。変わる意志さえあれば、確実に変われます。

その意味では自己啓発セミナーも無駄ではないのです。一日くらいのセミナーではあっという間に元通りですが、実は完全に元に戻ったわけではありません。目に見えるか見えないかの小さな変化がそこには残っているのです。

大事なことは、何度もその変化を繰り返すことです。するとゆっくりではありますが、確実に変わっていきます。心を変えるのは肉体改造と同じだと考えてください。がりがりの痩せた体を筋肉もりもりの肉体に変えるには、凄まじいトレーニングと食事療法を何日も続ける必要があります。またぶくぶくと太ってしまった体を引き締めるのも同様です。肉体改造をするのが大変だということは多くの人が知っていますが、一方で心の改造はすぐにできると思っている人が少なくないのは驚きです。

繰り返しますが、自分を変える意志があれば、人は誰でも変われます。ただ、それは簡単なことではありません。肉体改造をするためにハードなトレーニングを続けるのと同様の、辛さを厭わない精神力が必要です。二時間くらいの自己啓発セミナーで変われるような簡単なものではありません。

世に溢れる自己啓発本も同じです。『大放言』で「自己啓発本は栄養ドリンクのようなものだ」と書きました。飲んだ直後は効いたような気になって元気になるのですが、効果は三日くらいで消えるので、また新しいのを飲む――そんな繰り返しで書棚に自己啓発本ばかり並んでいる人がいますが、まったく馬鹿馬鹿しい限りです。栄養ドリンクを飲んだくらいでスーパーマンみたいになれるなら、自己啓発本を一冊読んだくらいでスーパービジネスマンになれるなら、これほど楽なことはありません。でも残念ながら人生はそこまで甘くはありません。

自分が変わるためには、まず行動です。努力できる人間になろうと思えば、まず努力してみることです。人前で物怖《ものお》じしないで話せる人間になろうと思えば、とにかく人前に出ることです。優しい人間になろうと思えば、人に優しく接することです。

そういう積み重ねが徐々に人を変えていくのです。ただそれには時間がかかります。また日々の変化が小さいので、短期間に変わりたい人にとっては、全然変わっていないように見えます。成果を急ぎすぎる人は途中でその努力を放棄してしまいます。すると、その人は一生変われません。

使い古された諺《ことわざ》ですが、「千里の道も一歩から」です。

口論に負けない方法

口論に強い二つのタイプ

私は昔から口論が得意です。というか、昔から好きなことばかり言っているので、すぐに口論になるのです。そうやっていつも口論ばかりしているから、自然に得意になってきただけのことです。

それで編集者に、「口論に勝てる方法」があるなら書いてほしいと頼まれました。たしかに口論に強くなりたいとは多くの人が思っているようです。

口論のテクニックはいろいろありますが、そんな小手先のテクニックよりもはるかに大事なことは、相手に呑まれないことです。気圧されたり、びびったりしたら、口論には絶対に勝てません。逆に相手を呑んでかかれば、八割方勝てたようなものです。

口論の上手い人間は二つのタイプに分かれます。ボクサーに喩えると、攻撃的に前に出てパンチを繰り出すタイプと、相手にパンチを出させてカウンターを放つタイプです。

私は典型的な攻撃タイプです。防御はあまりせずに、ひたすらパンチを出します。相手を防戦一方にさせて、反撃の言葉を考えさせる余裕を与えないのです。そして自分が主導権を握ると、さらにテクニックを使います。それは、わざと相手がよけることのできるフェイントのパンチを出すというものです。すると相手はよけるのですが、そのよける位置を前もって予測しておいて、そこに強いパンチを打ち込むのです。要するに、最初のパンチはわざと隙を見せて打つのです。パンチを受けた方は「お、隙があった」とそこに逃げるのですが、それこそ私の思うつぼというわけです。

口論の上手いもうひとつのタイプを同じくボクサーに喩えると、相手に好きなだけ打たせておいて（喋らせておいて）、その弱点をカウンターで突くというものです。口論で頭に血が上った相手はたいてい発言の論理にどこか穴があります。カウンターパンチの上手い男はそこを冷静に見つけて、「お前の言っていることには整合性がない」と指摘するのです。ただし、これは相手が発言した瞬間に弱点を見つけてそこを突かねばならないだけに、相当な分析力と反射神経が必要になります。

このふたつのテクニックとも、一朝一夕には身に付きません。「生兵法《なまびょうほう》は大怪我のもと」という言葉があるように、実戦経験のないボクサーがいきなりリングに上がっても、勝つのは難しいでしょう。

口論の得意な人間はふだんから鍛えている

かといって、日々誰彼かまわず口論をふっかけろと言っているのではありません。たしかに口論や議論の得意な男というのは、実戦経験も豊富ですが、ふだんからシャドーボクシングをしているのです。シャドーボクシングというのは、目の前に相手を想定して、ボクシングをするというものです。相手の動きやパンチを想定して体を振ったりダッキングしたりガードしたりしながら、自分のパンチを繰り出すのです。

つまり、こちらがこう言えば相手はこう言い返してくるだろう、その時はこう言ってやればいい。もし相手がこう言ってきたら、こう言い返してやろう——こういう想定問答を、いつも繰り返しているのです。このような想定なしに議論に挑むと、相手の予期せぬパンチに一発でダウンということもあります。

「朝まで生テレビ！」などで、得意になって持論を展開したものの、反撃にあった途端、しどろもどろになってしまう人がたまにいます。私はそれを見ていると、「あーあ、その程度の反論も予測していなかったのかいな」と呆れてしまいます。

ちなみに司会の田原総一朗氏は持論を展開する前に、必ず相手に「ひとつ訊きたい」

といきなり質問をぶつけます。いきなり訊かれた相手は用意がないものですから、慌てて何かを答えます。すると田原氏はすかさず、その弱点を突きます。

たとえば「君は外国人移民に賛成か反対か？」という風に、二者択一の質問を迫ります。これは実は二者択一で答えられる質問ではないのです。様々な条件付きで答えなければならない問題です。しかし生放送でいきなり訊かれると、慣れない人はどちらかの答えを言ってしまいます。その時点で、その人はかなりのハンデを背負ったことになります。なぜかというと、どちらの答えにも弱点や問題点は山のようにあるからです。そこを残したまま議論に入るわけですから、相当不利になります。

「朝まで生テレビ！」と実生活とはまるで違いますが、口論や議論の場においても、相手の質問に慌てて答えるのは危険と思って間違いありません。逆に言えば、相手にどんどん質問するのは効果的です。相手が上手く答えられればそのままにして、まずい答え方をした時に攻撃に転じればいいのですから。

口論に勝ってもいいことはない

長々と口論と議論のテクニックについて語ってきましたが、そもそものところ、そんなものは別に身についていなくてもいいのです。口論のために、ふだんからシャドーボクシングを繰り返す人生なんて楽しくもないでしょう。ケンカなんか面白いことも楽しいこともないのです。ケンカに勝ったところで、多くの場合、益《えき》はありません。金が絡んだ裁判なら金銭的な利益はありますが、日常生活ではそんなものはありません。

たしかに口論で言い負かされると惨めな気持ちになりますし、敗北感に打ちのめされる時もあります。ですが勝ったところで、せいぜいがちっぽけな優越感を味わえるというくらいのものでしょう。そんなものを味わいたいがために口論のテクニックを磨くのは、人生の無駄と思います。

それに口論で相手を言い負かせば、必ず恨みを買います。相手はどこかで仕返しをしてやろうと心にどす黒い思いを持ちます。そんな人が周囲に何人もいるというのは楽しいものではないでしょう。私などはおそらく、いろんな人から「百田尚樹は癪《しゃく》に障る男だ」と思われているに違いありません。これは私の性分なので、今更改めようとは思いませんが、皆さんはそんな無駄で馬鹿馬鹿しいことはやめてください。

口論になれば、一歩引けばいいのです。繰り返しますが、他人と口論をしても、何の益もありません。ただ、それが自分の生き方の本質に関わることや仕事に関わることなら、そういうわけにはいきません。その時は堂々と自分の考えを述べればいいのです。小手先のディベートテクニックなどを使う必要はありません。

相手の挑発に乗る必要もなければ、質問に答える義務もありません。自分が正しいと思うことを堂々と述べればいいのです。そして相手の言い分に正しい部分があると思えば、それを認めればいいのです。さらにもし自分の考えが間違っていたと思えば、それを改めればいいのです。口論に勝つことよりも、そのほうがずっと人生にとっては大切なことです。

皆さん、口論で勝つよりも、常に堂々とした態度でいる方が相手の尊敬を勝ち取ることができます。

へらへら笑うな

愛想笑いなんかいらない

よく意味もないのに笑い顔を浮かべる人がいます。笑顔というのは見ていて気持ちのいいもので、素敵な笑顔を見せる人というのはそれだけで魅力を感じさせます。しかし意味のない笑い顔は魅力的どころか、見ていて不愉快なものです。

私はこれを笑顔とは思っていません。これは世間的には「愛想笑い」と呼ばれているものですが、私は「へらへら笑い」と呼んでいます。

世の中にはこのへらへら笑いをする人が実に多い。こちらが何も面白いことを言っていないのに、こういう笑いをされるのは実に気持ちの悪いものです。中には、実際に小さな笑い声まで出す人もいます。でも、その笑い声は作ったもので、本当の笑い声ではありません。その証拠に目は笑っていません。

とはいえ、その人は別に相手を馬鹿にしているわけではないのです。むしろその逆で、相手を喜ばせようと思っているのです。何か言われた時に、笑顔と笑いでリアクションすれば、相手はいい気持ちになるだろうと思っているのです。だから相手が冗談を言っていない時もつい笑ってしまうというわけです。

最初のうちは相手にも、「こいつはいつもにこにこしていて気持ちのいい奴だな」と思われていても、ずっとへらへら笑っていて、何を言ってもいつも同じような笑いで返していると、そのうちに「こいつの笑いは嘘だな」とばれてしまいます。

上司やお得意さんにそれをする男性は実に多い。私は若い頃のペーペーの放送作家の時代、そういう局員を沢山見てきました。今は一応ベストセラー作家の端くれですから（あくまで今だけです）、いろんな出版社の編集者が丁寧な扱いをしてくれます。私はそういう時、編集者たちの笑いを見るのです。へらへら笑いか、そうでないかはじっと見ていればすぐにわかります。私は冗談を言うのが好きですが、その冗談にも強弱をつけます。すると人の話をきっちりと聞いている人は、リアクションが違います。面白いと思った冗談には笑いますが、そうでない冗談には笑いません。ところがへらへら笑いをする人は、何を言っても同じリアクションで笑い返すのです。そういう編集者には、こちらも真面目に話す気はしません。

「笑い」は野球のバッターに喩えるとスイングです。バッターは好きな球が来た時にスイングします。打てないと思った球は見送ります。そのスイングにもいろんなものがあります。豪快なフルスイングもあれば、鋭いミート打法もあります。流し打ちもあれば、引っ張りもあります。中には変則的なバントもあります。人と話していて楽しいのは、そういうスイングの個性があるからです。

ところが、へらへら笑いにはそれがありません。へらへら笑いはスイングに喩えるとハーフスイングです。振ったのか振っていないのかわからないスイングなのです。しかも、ど真ん中のストライクも外角のボール球も全部にハーフスイングしてくるので、狙い球もわかりません。こういうバッターには、ボールを投げ込む気がしなくなるのです。

もちろん編集者の中には、私の話を聞き分けて、「ここは面白いことを言ったつもりだな。よし、大きく笑ってやれ」、「今のはもう一つだな。ここは適当な笑いで返しておけ」というように、笑いを使い分けている達人もいます。それはそれで立派な芸なので、むしろ好意を感じます。私はそういう人を内心で「作家転がし」と呼んでいます。

へらへらする奴は出世しない

話は脱線しましたが、へらへら笑いをする人で、出世した人はほとんど見たことがありません。これはもう法則と言っていいほどです。へらへら笑いをしている人は始終笑い顔を浮かべているわけですから、相手から嫌われることはあまりありません。ですが、ここは重要なところですが、尊敬されることもまずありません。

私は職業柄、会社の会長や社長という成功者と呼ばれる部類の人に会う機会が多いのですが、そういう笑いをする人にはお目にかかったことがありません。彼らの中にはよく笑う人もいますし、あまり笑わない人もいます。でも、意味のないへらへら笑いをする人は一人もいません。少なくとも私が出会った中では記憶がありません。

私はへらへら笑いをする人がなぜそうするのかを考えたことがあります。これは想像ですが、彼らは他人に嫌われるのが怖いのではないでしょうか。相手の言うことに笑ってさえいれば、少なくとも嫌われることはないと無意識に思っているのではないでしょうか。また彼らは、非常に人の顔色を見ます。ですから、相手にぶすっとした顔をされると途端にうろたえます。

もうひとつ、へらへら笑いをする人には共通の性格があります。それは「自分に自信がない」ことです。彼らが自分と対等かそれ以上の人を相手に議論をするのは見たことがありません（目下の者を相手にするのは別）。これは学歴とか大学の偏差値とはあまり関係がありません。東大や京大を出ていても、そういう人はいます。どうやらこれは勉強の自信とは別のもののようです。

この本を読んでおられる人の中で、「あ、もしかしたら、自分はへらへら笑いをしているかもしれない」と思った人は、明日からそういう笑いをやめてください。人はあなたが気にしているほど、他人の笑いやリアクションを気に留めていません。

相手の面白くない冗談に無理に笑う必要もありません。面白い時だけ笑えばいいのです。あなたはホステスでも幇間《ほうかん》でもありません。会社も上司も太鼓持ちの能力を査定していません。見ているのは仕事の能力です。

ここで誤解のないように言っておきますが、へらへら笑いと笑顔は似て非なるものです。笑顔は「笑い」ではなく表情です。それは周囲の人の心を癒すものですから、笑顔を出し惜しみする必要はありません。

配偶者に理想を求めるな

理想の配偶者なんかいない

世の中には妻や夫に対する不平や不満を口にする人が少なくありません。

今や三組に一組の夫婦が離婚すると言われる時代です。その後ろには、経済的な事情が許せば離婚したいと思っている夫婦もいれば、今更離婚などする気はないものの愛情が冷え切っている夫婦もたくさんいるでしょう。そう考えると、既婚者の大半が配偶者に満足していないのではないかという気もします。

でも自分にとって、理想的な相手、非の打ちどころのない相手など、そもそも存在するものでしょうか。私は夫婦とは、欠点だらけの男と女が一緒になり、ともに暮らしていく中で、お互いの長所と短所を認め合い、それを修正し合っていくものではないかと思っています。

石や瀬戸物で作られた二つのパーツは少しでもずれがあれば、うまくはまりません。無理矢理にはめても、いつかそれがぴったりになることは永久にありません。でも人間は曲がらない石ではありません。柔らかく可塑性《かそせい》があるのです。最初はうまく合わなかったものが、お互いに修正を繰り返していくことで、やがてこれ以上はないというくらいにぴったりとはまるものです。

そこに至るには相手に対する「思いやり」や「理解」が不可欠ですが、時には「我慢」と「妥協」も必要です。そういう努力をすることもなく、好きで一緒になったはずの相手と「性格の不一致」みたいな理由で別れるのは、どうなのかなと思います。普通に考えれば、生まれ育った環境がまるで違う男女の性格が合うなんてことの方が珍しいのです。同じ環境で育った兄弟姉妹でも、性格が合わないのは当たり前なのですから。もっとも離婚における「性格の不一致」という理由は、便宜的に使われているケースがほとんどではありますが、それでも別れる夫婦の多くが基本的には「相手が気に入らなくなった」ということは間違いないでしょう。

夫婦の関係は来世まで

私は「親子は一世、夫婦は二世」という言葉が好きです。「親子の関係は現世の間だけだが、夫婦の関係は来世までも続く」という意味の言葉です。

血のつながった親子の関係よりも、血がつながらない関係である夫婦の方が結びつきが強いというのはすごく深い言葉のように思います。ちなみに前述の言葉は「主従は三世」と続くわけですが、これは無視しましょう。そんなものは江戸時代の封建《ほうけん》時代にくっつけた言葉です。

私の両親は見合い結婚です。父は当時、大阪市の水道局の臨時職員で収入は低く、母は当時としては行き遅れのオールドミスでした。二人はケンカもよくしていましたし、大きなトラブルもあったりと、理想的なおしどり夫婦にはとても見えませんでしたが、長い年月を共に暮らし、最後は子供から見てもいい関係の夫婦になっていました。

父は晩年に認知症を患い、私や妹を見ても誰かわからなくなりました。ところが、母のことだけはぼんやりとわかっていたようです。私はぼけてしまった父を見たくなくて、施設に入った父を見舞うことはほとんどしませんでした。あれだけ好きだった父なのに、自分でも薄情な息子だったと思います。

ところが、母はほとんど毎日のように父に会いに行きました。会っても会話なんか成立せず、コミュニケーションなんかまるで取れないのにです。私はそれを見て、ああ、これが夫婦の絆なのだなと思いました。

これをお読みになっている独身の皆さんに申し上げたいことがあります。

理想の夫や理想の妻を求めるのは悪いことではありません。でも、相手に理想を要求できるほど、あなた自身は素晴らしい人間なのでしょうか。もしあなたが誰よりも知的で、教養深く、仕事の能力も抜群で、優しくて包容力があり、人格的にも申し分のない人なら、それに見合うだけの配偶者を求めてもいいかもしれません。でも、自分は欠点だらけなのに、相手には理想的な人が欲しいというのは、少々虫が良すぎる気がするのです。

なぜ人前であがるのか？

プライドが高い人があがる

大勢の前でスピーチをしたり、何かを披露したりする時には、誰でも緊張します。でも中には緊張しすぎてしまう人がいます。ひどい時には心臓がバクバクして、声が上ずり、顔は赤くなって、足は震えてくる。話す言葉もしどろもどろになり、頭が真っ白になって次の言葉が出なくなる――これが「あがる」という症状ですが、三省堂の『大辞林』には、「他人の目を意識して、平静でいられなくなる」状態と書かれています。

人前であがる人は、何とかこれを克服したいと思っているようです。昔から、いろいろと方法が考えられています。「大きく息を吸う」「自律神経と心臓に関わっている左手の薬指を揉《も》む」「筋肉をほぐす」などです。医学的に言えば、副交感神経を刺激してあがる原因となっているノルアドレナリンを抑える効果があるということですが、断言してもいいですが、そんなものはまったく効きません。また昔から、掌《てのひら》に指で「人」の字を書いて、それを呑むという有名なおまじないもありますが、それが効いたという人を見たことがありません。

そんなことよりも、自分はなぜ「あがる」のかを知る方が大事です。

あがる原因は至極単純なことです。「人にかっこよく思われたい!」――それだけです。

自分はあがるけれども、そんなことはまったく思っていない、と言うあなた、それは嘘です。

あがるのは「人に良く思われたい」「称賛を浴びたい」「上手にこなしたい」という思いがあるからです。身も蓋もない言い方をすれば、「ええかっこしい」なのです。要するに「人にどう思われるか」という自意識が強すぎるのです。自分と他者とを明確に分けて比較する関係と見做しているからです。だから、自意識が芽生えていない幼児には、あがるという症状はありません。もうひとつ、プライドが異常に高いのも原因のひとつです。「素晴らしい自分を見せたい」「高く評価されたい」という気持ちが強すぎて、それが失敗に終わる恐怖と不安が大きく膨らむのです。

不思議なのは、そういう人はふだんの生活ではまったくそんなふうに見えないことです。どちらかといえば、目立たない、積極的に前に出ない、おとなしいタイプの人が多いようです。

ですから、私はそういう人が人前であがっているのを見ると、「ああ、この人はふだんはおとなしくて目立たないけど、本当はすごくプライドが高くて、目立ちたくてたまらなかった人なんだな」と思います。意外なところで、その人の本当の姿が見られるのは面白いものです。

スピーチは場数とテクニック

私は目立ちたがりを批判しているのではありません。なぜなら、私も人一倍目立ちたがりだからです。ただ私の場合は、講演で喋る時も、スピーチする時も、テレビ出演する時も、まったくあがりません。その差はなんだ？　と訊かれれば、「場数」と答えます。それから、話すテクニックです。

人前で面白く話すのに、人間性は関係ありません。必要なのは、ただ喋りのテクニックです。ですから、そういう場数を踏んでいなくて話術も磨いていない人が、人前で皆を惹きつける面白いスピーチができるはずがないのです。少し強引な喩えですが、落語のネタは熟知していても練習したことのない人が、いきなり人前で演じても笑いを取ることができないのと同じです。

だから、スピーチは「上手に」「恰好よく」「スマートに」やる必要はないのです。それにあなたが思っているほど、他人はあなたのスピーチに期待してはいません。面白くて素晴らしい話が聞けると、胸を膨らませてわくわくはしていません。

スポーツの試合や演奏の発表会も同じです。あなたはマイケル・ジョーダンでも錦織圭でもありません。またマルタ・アルゲリッチでも五嶋みどりでもありません。聴衆はあなたのプレイに最高レベルのパフォーマンスを期待してはいません。「下手くそだけど、自分のできる限りのものをやろう」と思えばいいのです。

要するに、あがる人は「実は自分はええかっこしいだったのだ」と気付くだけで、かなり楽になると思います。

でも最後に、人前で喋る時にあがる人のためのちょっとしたテクニックをお教えしましょう。それは壇上に上がった時、あるいはマイクを握った時に、慌てて喋り出さないことです。第一声を発する前に聴衆の顔をゆっくり見て、にっこりと笑ってみてください。それだけで聴衆の空気が変わります。実は意外に皆気が付いていないのですが、大勢の前で誰かが喋る時は、聴衆もわずかに緊張しているのです。演者の緊張は聴衆の緊張をさらに高めます。そしてそれはまた演者にも跳ね返ってきます。

でも演者の笑顔はその緊張を解きます。そうするとどちらとも落ち着くことが出来ます。あとは恰好よく喋ろうとは思わないで、伝えたいことを誠実に真面目に話せばいいのです。それから、大切なのは「間」です。人前で喋り慣れていない人は、「沈黙」を恐れます。それで切れ目なく喋ってしまうのです。私は講演でもスピーチでも早口で速射砲のように喋りますが、実は「間」を非常に大事にしています。早口であるほど「間」が大事なのです。他にも細かいテクニックはいくつもありますが、この本のテーマではないので、ここでは省きます。

でもそんな小手先のテクニックよりも、「どうせ、そんなに上手くは喋れない」から「いい恰好をするのはやめよう」と気持ちを切り替えることが、あがるのを防ぐ何よりの方法です。

実は、それこそが本当の「強い心」なのです。

SNSで嫌われることを恐れるな

〝「いいね!」地獄〟の世界とは

最近、SNSの友人関係で疲れ果てている人たちの話をよく聞きます。フェイスブックの世界には〝「いいね!」地獄〟というのがあるそうです。これは仲間内の投稿には「いいね!」ボタンを押さなければならないという暗黙の了解に縛られることを指す言葉です。また、友人の投稿には必ずコメントもつけなくてはならないというグループもあるようです。

私の知り合いの女性は、毎晩、二時間もかけてグループ内の投稿にすべてコメントを付けるのが日課と言っていました。そうしないと相手を不快にさせてしまうからというのです。実際に「あなたの投稿にコメントしてるのに、あなたは私の投稿にコメントしてくれないね」と小言を言われたこともあると言っていました。

若い人たちに流行の「LINE」でも、「既読スルー」というのが問題になっているようです。これは誰かの投稿を読んだだけで、返信をしないことを指す言葉です。中高生などのグループでは、これをやると途端に仲間外れにされることもあるそうです。それで「既読スルー」しないように、スマホを肌身離さず持って、誰かが「ＬＩＮＥ」に投稿すればただちにそれに対してコメントを返すといいます。

実に幼稚な話ですが、子供特有の仲間意識と笑ってはいられません。というのは、多感な思春期にこういう友人関係を経験したことは、後の人間関係にいい影響を及ぼさないのではないかと思うからです。大人になっても他人の顔色や反応ばかり気にする人間になってしまうような気がします。

呆れたことに、最近は大学生や社会人にも「既読スルーを許さない」空気のグループがあるそうです。私のような古い人間から見ると、「いい年をして」と思いますが、そういう時代に入ったということなのでしょうか。

本来は仲間内の楽しいコミュニケーションツールであったはずのフェイスブックや「ＬＩＮＥ」が、逆に苦しい人間関係を作っているとすれば、これほど馬鹿馬鹿しいことはありません。本末転倒とはまさにこのことでしょう。若い時代の貴重な時間は別のことに使いたいものです。

ある雑誌で、若い女性の七割がフェイスブックを辞めたいと思ったことがあるというアンケート結果を見たことがあります。前述の女性もフェイスブックは疲れると言っていました。

また、中高生の多くも仲間内での「LINE」を負担に感じることがあるというニュースも見ました。それならすぐに辞めればいいと思うのですが、現実は人間関係もあってなかなかそういうわけにもいかないのでしょうね。

SNSはいい加減にやるべし

もし、SNSのコメント問題で悩んでいる人に、私がアドバイスをするとしたら、「いい加減にやりなさい」ということです。

つまりSNSの投稿にはたまに「いいね！」を押し、気が向いた時だけコメントするのです。仲間からは最初のうちは「真面目にやれ」と思われるでしょう。ここで怯んではいけません。頑固にそのスタイルを押し通すのです。するとそのうちに、皆から「あいつは適当でちゃらんぽらんな奴だ」と思われて、大目に見られるようになります。そうなれば、こっちのものです。そのうちグループの中にも同調する人が出てきます。

でも、そんなあなたの態度がどうしても許せないと、グループから排斥《はいせき》しようという動きがあるかもしれません。その時はグループから抜け出ればいいのです。そんなグループにいてもいいことは何もありません。寂しいのは最初のうちだけです。すぐに解放感でいっぱいになるはずです。

ちなみに私もフェイスブックをやっていますが、友人の投稿に「いいね！」を押すこともコメントすることも滅多にありません。これは意識してそうしているわけではありません。生来のずぼらな性格ゆえです。

私は年賀状は出しませんし、貰っても返事はしません。礼状の類だけは頑張って書くようにしていますが、それさえもしばしば忘れます。これはさすがに社会人としてはいただけません。

でも昔から私をよく知っている人たちは、「百田はそういう奴だから」と皆、大目に見てくれています。これに甘えているということは恥ずかしいことなので直さなければならないと思っていますし、決して皆さんにもお勧めしません。

それでも恥を忍んでこんなことを書いたのは、ここまでずぼらな性格でも、本当の友人は見捨てないものだということを知ってもらいたかったのです。そうなのです。本当の友人はＳＮＳや年賀状の返事がないくらいでお終いになるということはありません。

むしろそんなことで嫌な関係になる友人なら、距離を置くべきです。

人生はあなたが思っているよりもずっと短いのです。ＳＮＳみたいな何の得にもならないことで時間と心をすり減らすのは、実にもったいないことです。

第六章 「成功」の捉え方

喜怒哀楽があってこその人生

心から笑う人が減った

喜怒哀楽——とても素敵な言葉です。

「人生」というものを一言で言い表せる言葉があるとすれば、私はまさに「喜怒哀楽」こそぴったりの言葉だと思います。この四つの感情はおそらく人間だけが持っている感情でしょう（一部の哺乳動物もわずかに持っているかもしれませんが）。

ただ、現代の多くの人は、喜怒哀楽の中の「喜」と「楽」しか求めていないようにも見えます。喜びと楽しみを追い求めるというのは大切なことです。人生の目的はそこにあると思います。ですが、「怒」や「哀」から逃げたり、排除しようとするのは、間違っているような気がします。「怒」や「哀」があるからこそ、「喜」も「楽」もあるのです。そして「怒」や「哀」が大きければ「喜」も「楽」も大きくなるのです。

それはそれとして、現代人は「喜怒哀楽」をあまり表現しない人が多いように思います。昔と比べると、心から嬉しそうに笑う人や、本気で怒りをあらわにする人が少なくなってきたように思います。これはなぜでしょう。もしかすると、人前で大袈裟に喜んだり、怒ったり、泣いたり、笑ったりして感情を剝き出しにするのは、はしたないことだと無意識に思っているのではないでしょうか。

私は周囲の人から「喜怒哀楽」が激しいと言われます。すぐに笑うし、すぐに怒るし、すぐに落ち込みます。要するに感情の起伏が激しいのです。恥ずかしいことに六十歳を超えても、子供みたいにすぐに自分の感情を顕わにします。

ただそうは言っても、子供の喜怒哀楽の大きさには勝てません。子供はちょっとのことで大喜びしますし、ささいなことで大泣きします。全身を使って感情表現する彼らには、さすがの私もまったく敵いません。

心はゴムボールのようなもの

私は、心はゴムボールのようなものではないかと思っています。ボールはどこかにぶつかると跳ね返ります。強くぶつけると強く弾み、弱くぶつけると弱く弾みます。子供の心は柔らかく弾力に富んだボールです。だから、ちょっとの衝撃で大きく弾みます。時には大人が驚くほど弾みます。でも子供のような喜怒哀楽の表現を大人がすると大変です。いい年をした男性や女性が人前で号泣したり、怒声を上げたりするのは、まともな社会人とは言えません。それで大人になると、少しくらいの衝撃では弾まないように、感情の弾力性を抑制するようになります。

これにはもうひとつの利点があります。それは、大きな悲しみやショックを受けた時、心が激しく揺れ動くのを防ぐことができるということです。弾みすぎるボールは自分自身を疲れさせます。でもふだんから抑制が当たり前になっていれば、衝撃を小さくしてしまうことができるのです。でも、実はここには落とし穴があります。そんなふうに感情の表現を抑制しすぎると、いつのまにか感情そのものが鈍くなっていくのです。これは心理学の世界では常識だそうです。つまり感情を長らくセーブしていると、やがて「喜怒哀楽」の幅がどんどん小さくなります。そうなるとどうなるか――感情の起伏がない人間になってしまうというのです。

皆さんも周囲を見渡してみてください。ほとんど笑わない人がいませんか。あるいは、表情の変化が極端に乏しい人がいませんか。そういう人はもしかしたら、自分の感情を抑えすぎた結果、そうなってしまった人かもしれません。ゴムボールに喩えると、ゴムが劣化して弾まないボールになってしまったというわけです。でも、そういうボールは本当に激しい衝撃を受けた時、弾むことでそれを緩衝《かんしょう》できずに、壊れてしまうかもしれません。年を取って、瑞々しい感情がなくなるのは悲しいものがあります。いつまでも柔らかいボールでいたいものです。

ですから、皆さんにお願いしたいことがあります。それは、喜怒哀楽の感情を必要以上に抑えないでほしいということです。泣きたい時は泣き、怒りたい時は怒りましょう。それをしなければ、嬉しい時に喜べなくなるし、楽しい時に笑えない人間になってしまいます。

「驚く」ことの大切さ

私の愛読書のひとつにゲーテの『ファウスト』があります。この本には示唆《しさ》に富《と》むところが山のようにあるのですが、若い時に読んで不思議な感銘を受けたシーンがあります。それは、一生を学問に捧げて世の中のあらゆることを知り尽くしたファウスト博士と、悪魔のメフィストーフェレスとの会話です(第二部・第一幕より)。

メフィストーフェレスがファウストに向かって、「奇怪《きっかい》なことなんかにはもうとうに慣れているはずでしょう」と言うと、ファウストはこう答えます。

「それでも己は物に動じないということを必ずしもいいことだとは考えないのだ。驚く、これは人間の最善の特性ではあるまいか。（中略）驚き撃たれてこそ、巨大な神秘に参入しうるのだ」（高橋義孝訳）

『ファウスト』を読んだのは二十代でしたが、なぜかこの言葉は深く心に残りました。

その後、国木田独歩の奇妙な形而上的《けいじじょう》小説『牛肉と馬鈴薯』を読んでいる時に、登場人物のある台詞を見て唸りました。その人物は大哲学者や大科学者になるのが願いという男ですが、一番の願いは「喫驚《びっくり》することだ」と言うのです。そして呆れる友人たちに、「宇宙の不思議を知る」ことよりも「不思議なる宇宙を驚きたい」と言うのです。

二つの小説の登場人物が語っている「驚き」とは、つまるところ「感動」のことを言っていると今ではわかります。芸術も科学もそこに向かう一番のモチベーションは「感動する心」だと思います。そして感動するには瑞々しい心が必要です。そう、柔らかいゴムボールのような――。

でも悲しいことに、今これを書いている私自身も、若い頃に比べて心のゴムが硬くなってきたという自覚があります。ですから、少しでも劣化を防ぐためにも、これからも大いに笑い、泣き、怒ろうと思っています。

「自分の藪に張り付いていろ」

他人の声に惑わされない

これは私の大好きな言葉のひとつです。

おそらく多くの読者が初めて目にする言葉かもしれませんから、少し説明します。次のような物語から生まれた言葉です。

子供たちが山にイチゴを取りに行きます。ある子が藪の中に入ってイチゴを探していると、遠くから「イチゴを見つけた！」という声が聞こえます。するとその子は「あ、あっちの藪にあったのか」と、慌てて声のした藪に向かいます。ところが、その藪は既にイチゴが取られた後で、ひとつも残っていません。すると、また別の藪から「見つけた！」という声が聞こえ、今度はその藪に走ります。でも、そこでも既にイチゴは取られた後です。結局、声がした方に向かってばかりいた子は、とうとうほんの少ししかイチゴを取ることができなかったという話です。要するに、イチゴが欲しければ、他人の声に惑わされずに、「自分の藪に張り付いて探し続けろ」ということです。

私がこの言葉を知ったのは、庄野潤三の小説『静物』の中です。主人公である父と子の会話の中に出てくる話です。その小説を読んだのは二十代の頃でしたが、以来、人生の岐路に立った時には、よくこの言葉を思い出しました。

ちなみにこれは、作中の父が、中学の時に習った英語の教科書に「スティック・トゥ・ユア・ブッシュ」という文章があったのを思い出す形で語られます。初めて読んだ時は庄野氏の創作かもしれないと思っていましたが、後に調べてみると、その言葉が載った教科書が実際に使われていたことがわかりました。

自分にとってのイチゴを探す

それはさておき、この言葉は非常に示唆に富んでいます。なぜなら、人生の様々なものに置き換えて考えることが可能だからです。たとえば「社会的成功」の喩えと見ることもできます。起業やビジネスの世界はその典型かもしれません。誰も売ったことがない物を売ったり、誰もやったことがないシステムを考えたりすれば、ビッグチャンスをものにすることが大いに可能です。実際、成功した起業家の多くがそうです。彼らは「自分の藪に張り付いていた」結果、イチゴを見つけたのです。

自分の藪をほったらかしにして、他人の声につられて走り回っているような人は、おそらくそのチャンスに巡り合うことはないでしょう。成功するには、「この藪の奥に、きっとイチゴがあるに違いない」と信じて突き進まなければなりません。

でもこの言葉は社会的成功についてだけ語っているものではないと思います。というのは、人間の価値観や生きがいといったものに対しての教訓も含んでいるように見えるからです。人は皆、自分の人生を生きていると思っています。何に喜びを感じ、何に生きがいを覚えるかは、自分の意志で決めたものと無条件に信じています。でも、はたして本当にそうでしょうか——。

私自身、自分の人生を振り返って見れば、自分の藪に張り付き続けたという自信はまるでありません。もしかしたら、「イチゴを見つけた!」という誰かの声に惑わされて、長い間、山の中を走り回っていただけのような気もします。

でも、五十歳を超えて、ようやく自分の藪を見つけたように思います。皆さんも、是非、自分の藪を見つけてください。そしてたとえ一つでも、たとえ小さくても、自分のイチゴを見つけることが出来たなら、それは何にも代えがたい幸せだと思います。

人生は一発勝負

成功を得るためのタイムリミット

ここでは、「社会的な成功」について語ってみたいと思います。

初めに断っておきたいのですが、人の幸せというのは「社会的な成功」にあるのではありません。むしろそんなものを追いかけて大事なものを失う人生はむなしいものがあります。

もちろん最初からそういうものには一切興味のない人もいます。でも、世の中の大多数の人がそれを望んでいるのはたしかです。金銭的な成功を得たい、高い地位に就きたい、偉大な業績を残したい、人々の賞賛を浴びたい――誰だって多かれ少なかれ、そうした願望はあるでしょう。

ただ、「成功」の秘訣やコツについてはここでは語りません。そんなものは私にはわかりません。そうではなく、「成功を得るための時間」というものについて考えてみたいと思います。

人は皆、人生は長いと思っています。たしかに日本人の平均寿命は八十歳を超えています。八十年もあれば、何でもやれそうな気がします。そして時は一日一日とゆっくり流れていきます。このゆっくりというのが落とし穴なのです。仕事の猶予が一週間なら、一日の重要性は誰にでもわかります。一日は七分の一です。おろそかにはできません。しかし小学生のように四十日の夏休みがあれば、一日くらい宿題をさぼってもどうということはないように思えます。

　まして人生に与えられた時間は八十年です。一ヵ月どころか一年くらいだらだらしても、何ということはないと思えます。いや、十年くらい棒に振ったところで、取り返せるだろうと思えます。それはたしかにそうです。たとえ二十年を無駄に過ごしたところで、取り返すことは可能です。

　ただ、あらゆることに言えますが、無駄にした時間を取り返すには凄まじい努力が必要になります。夏休みの最後の日に、半泣きになって宿題をしたことを思い出してください。人生もそれと同じです。もう少し具体的に言いましょう。人生は八十年ですが、最後の二十年では大きな仕事はできません。なぜならたいていの人が仕事をリタイアしている年だからです（最近の六十代は体力が残っている上に、年金の関係もあり、再就職する人が多いですが)。

六十歳を超えて大きな仕事をする人は、それまでの人生でそういう仕事ができるだけの地位についている人です。代表的なのは、内閣の重要ポストにいる政治家とか、大会社の社長とか、偉大な芸術家とかです。言い換えれば、そういう人たちは既に大きな仕事をしてきた人なのです。六十歳までに何もしてこなかった人が、それ以降に何かを成し遂げるというのは至難の業です。

ということは、五十歳くらいまでに何らかの業績を残して足場を築いておかないといけないということになります。でも実際のところ、それまでに何の実績もない人が、五十歳から何かをするというのは非常に難しい気がします。

最初の四十年の大切さ

私はいろんな成功者を見てきましたが、はっきり言って、それまでたいしたことをしてこなかった人で、五十歳を超えてから成功した人は見たことがありません。つまり人生で成功しようと思えば、遅くとも四十代までに何らかの形を残しておかないといけないということです。いや、これもかなり希望的な言い方です。敢えて残酷な言い方をすれば、実際には四十歳までが勝負だと思います。

つまり人生は八十年ありますが、成功するかどうかは、最初の四十年でほぼ決まります。四十歳の時点で何らかの業績を残しているか、あるいは頭角を現していなければ、その後の四十年の人生を使っても、社会的な成功はまず摑めないでしょう。残酷な言い方になりますが、これは事実です。人が高校を卒業して、あるいは大学を卒業して世に出るのは二十歳前後です。もちろん中学を出てすぐに働きに行く人もいますし、三十歳くらいまで大学院に残る人もいます。けれど、まあ平均して二十歳くらいとしましょう。

さきほど「成功者」の資格を得るのは四十歳までと書きましたが、つまり成功に向けて勝負できるのは二十歳から四十歳までの二十年ということになります。本当のことを言えば、これもかなり幅を持たせて言っています。現実的には、十年ちょっとくらいと考えていいかもしれません。

平均寿命から見れば人生は八十年以上あるように見えますが、「成功」に向けて勝負できる時間はわずかに十年ちょっとなのです。どうです。意外に短いでしょう。この本を読んでいる二十代から三十代の若い人に言いたい。もしあなたが社会的成功を何よりも欲しているなら、今、生きている一日の重要性を嚙みしめることです、と。

これがスポーツの世界ならもっとわかりやすいでしょう。なぜなら、アスリートの寿命は非常に短いからです。若い頃の一日は、普通の人の一年に相当するかもしれません。その貴重な時間を無駄にするプロスポーツ選手は、絶対に大成することはないでしょう。

人生は一回こっきり

でも実は、普通の人も同じなのです。人生は長いように見えて本当はすごく短いのです。私も若い頃はそれがわかりませんでした。六十歳を超えて、ようやく悟りました。

「ああ、人生は何と短いのだろう」と。

敢えて言えば一瞬です。そしてそれは、一回こっきりなのです。

人生が二回三回とあるなら、「まあ、一度目はこんな程度でいいか」と思えるかもしれません。でも、二度目はないのです。輪廻転生とかいう言葉はありますが、二度目はスズメかトカゲかもしれません。仮に人間であったとしても、それはもう今の「あなた」ではありません。記憶も心もあなたとは違う「別人」です。

人生はたった一回、そしてただ一度きりの勝負です。日々はゆっくりと過ぎていきますが、一見緩やかに見えるその流れに騙されてはいけません。気付いた時には、既に大半の時間が流れ去っているのです。成功に向けて本気で勝負するには、だらだらしている時間はないのです。

さきほどから皆さんに対して、厳しく聞こえるかもしれないようなことばかり言ってきましたが、初めに書いたように「社会的成功」を遂げた者が人生の勝利者であるわけではありません。それが究極の幸せでもありません。そんなものが得られなくても、幸せはいくらでも掴めます。それは決して敗者の負け惜しみではありません。ですから、「もう自分には社会的成功はおぼつかない」と落胆するようなことはしないでもらいたいのです。

私の父は高等小学校を卒業して働きに出て、途中、戦争に行き、戦後は職を転々とし、七十歳近くまで安い給料で働き続けた人生でしたが、見合い結婚した母と仲睦《なかむつ》まじく暮らし、二人の子供を得ることが出来ました。不肖の息子（私です）が悩みの種でしたが、晩年は幸せそうに見えました。

ある日、父がぽつりと言った言葉が忘れられません。

「いろいろあったが、いい人生やった」

私は、父は人生の勝利者であったと思っています。

人生の優先順位を間違うな

優先順位の選択

長く生きていますと、社会的な成功を収めた人間にはいくつかの共通項があることがわかります。その一つは、優先順位がしっかりとわかっていることです。

今、何をやらなければならないか、ということをしっかり理解していて、何よりもそれを優先してする人間は、まず人生において大きな失敗はしません。

ただ私もそうですが、これは簡単なことのようで簡単ではありません。頭ではわかっていながら、それができないのです。私自身、過去を振り返ると、本当に優先順位がめちゃくちゃな人生でした。やらなければならないことを後回しにして、やらなくてもいいことばかりしてきました。そして気が付けば五十歳になっていました。

それまで放送作家として生きてきましたが、この仕事は自分で選んだわけではありません。大学を中退してぶらぶらしていた時、年長の友人であったテレビディレクターに声をかけてもらって始めたのがきっかけです（彼とはその後、生涯の友となりました）。

最初から腰かけ気分でした。いつかはちゃんとした職に就く、それまでの一時的なアルバイトみたいな気持ちで始めました。

そんな気持ちでいい仕事ができるわけもありません。生来の口の悪さとちゃらんぽらんな性格で、いくつも番組をクビになりました。でも、いくらクビになっても平気でした。どうせこんな仕事を一生やるつもりはない。そのうちに別の仕事を見つけるからという気持ちでした。しかしそう思っているだけで、実際に本気で新しい仕事を探したり、自分が本当にやりたいことは何かを真剣に考えることはしませんでした。要するに、なんにも考えていなかったということです。優先順位を間違えるどころか、人生の優先順位がどこにあるのかさえわからない状態でした。

自分は何をしてきたのか

やがて三十歳を超え、結婚もし、気が付けば放送作家が本職となっていました。もっとも結婚した当初、私の勤務状況は週休五日でした。生活費は家内の給料でやりくりしていました。何とも情けない男です。

そのうちに家内が出産し、仕事を休業しました。それで初めて本格的に働くようになりました。そうしないと家族が食えないからです。

それから十年くらいは自分で言うのも何ですが、かなり一所懸命に仕事をしました。ベストを尽くしたつもりですが、もともとテレビの仕事が大好きだったわけでもなく、命懸けで打ち込むということはありませんでした。

もし真剣にテレビの放送作家に打ち込む気でいたなら、三十代のうちに東京に進出していたでしょう。テレビの世界は圧倒的に東京が大阪をリードしていましたから。でも、そんな気概なんかまるでありませんでした。要するに、自分と家族が食えればそれでいいと思っていたのです。そんな気持ちでいたので、四十代半ばからは惰性で仕事をしていました。そんなある日、自分がもうすぐ五十歳になると気が付いたのです。

昔から「人生、五十年」という言葉だけは妙に頭の隅に残っていました。それで、昔なら人生はこのあたりで終わりだなと思ったのです。その時、初めて過去を振り返りました。そこには何もありませんでした――自分はこれまでいったい何をしてきたのだ。愕然とした瞬間です。

自分でやりたいことを見つけようともせず、たまたま選んだ仕事も夢中になれず、何かに命懸けでぶつかったこともなく――まるで虫のような生き方だと思ったのです。はたしてこのまま人生を終わっていいのだろうか。私は珍しく真剣に残りの人生をどう生きるかに頭を巡らせました。その時に浮かんだのが「小説」でした。

私が大学を中退して放送作家の世界に入った頃、先輩たち（プロデューサーや放送作家）には読書家が多かったのです。会議中や雑談の中で、本の話がしょっちゅう出てきました。それまでの人生の中でほとんど本など読まなかった私は、まったく話題についていけませんでした。これではやっていけないと思った私は、暇に飽かせて本を読みまくったのです。当時は一日に一冊くらいのペースで本を読んでいたでしょうか。

それで二十九歳の時、「自分でも小説くらい書けるんじゃないか」と思い、生まれて初めて小説に挑戦したのです。当時はパソコンもなく、原稿用紙に手書きです。五百枚くらい書けば完成かなと思い、書き始めたのですが、書いているうちに夢中になり、五百枚を超えても終わりませんでした。やがて千枚を超えましたが、物語はまだ終わりません。その頃になると、書くのが楽しくてたまらなくなっていました。途中で北海道に旅に行き、そこでの経験も本の中に加わりました。そして千五百枚を超え、ついに二千枚を超えました。一人の阿呆な男の人生を描いたものですが、主人公が私の年齢に追いついたところで終わりました。

二年近くかかって書き上げたものの、五十枚綴りのコクヨの原稿用紙が四十数冊、総枚数二千二百枚の大長編です。こんなものが本になるはずがありません。同時に、何か憑《つ》き物《もの》が落ちたみたいになりました。

三十歳を超えていた私は長く付き合っていた女性と結婚し、小説のことはそれっきり忘れてしまいました。ちなみにこの時の原稿は二十年後、『錨を上げよ』というタイトルで講談社から出版されました。上下巻、合わせて千二百ページの煉瓦《れんが》みたいな本です(書き直しはほとんどしていません)。

『永遠の0』の誕生

小説のことは二十年間思い出すこともなかったのですが、五十歳を目前にして、そのことをふと思い出したのです。

「昔、小説を真剣に書いたことがあったなあ」と。

一円にもならない小説に必死で取り組んだ当時のことを思い出した時、あの時の気持ちをもう一度取り戻してみたいという気になったのです。このまま何もせずに人生を終わっていいのかという危機感もありました。今、何もしなければ一生何もしないで終わる――そんな人生はあまりにもむなしい。そんな焦燥感が私を二十年ぶりに執筆に向かわせました。

二十年の歳月はすべてを変えていました。私の机の上にあったのは原稿用紙ではなくパソコンでした。昔は文章の書き方もろくにわかりませんでしたが、二十年の放送作家のキャリアで文章はそれなりに書けるようになっていました。

テーマは大東亜戦争と決めました。これには理由があります。当時、私の父が末期ガンで余命半年宣言を受けていたのです。その前の年に私の伯父がやはりガンで亡くなっていました。私の父も伯父も大東亜戦争で兵隊として戦っています。その時、ふと頭をよぎったのは、「あの戦争を戦った男たちが歴史から消えようとしているのだな」という思いです。私は戦争の体験者ではありませんが、父や伯父や伯母から戦争の話はたっぷりと聞かされて育った世代です。そうした世代の義務として、父や伯父たちの物語を次の若い世代に伝えて行かなくてはならないのではないか――病床にある父を見て、そんな気持ちになったのです。

そして書いたのが『永遠の0』です。この物語の主人公は宮部久蔵という零戦《ぜろせん》の搭乗員です。彼は「妻のためにも生きて帰る」という信念で大東亜戦争を戦い抜きますが、終戦直前に神風特別攻撃隊として散華《さんげ》します。六十年後、そのことを知った彼の孫が、宮部と共に戦った生き残りの搭乗員たちを訪ねて、「祖父はどんな青年だったのか」と訊きます。最初は霧の中にかすむようなイメージしかなかった祖父の姿が、証言者の言葉を重ねていくごとに鮮明なものとなっていきます。そしてラストでは、六十年間封印されてきたある秘密が浮かび上がるというものです。

私がこの小説で一番描きたかったことは、「生きることの素晴らしさ」です。そして「人は誰のために生きるのか」ということです。

もうひとつ言えば、宮部久蔵は私の父の世代です。そして宮部の孫は私の子供の世代です。私は『永遠の0』で、父の世代と子の世代とを結び付けたいと思ったのです。

また、これは他でも書いたことですが、浅田次郎氏の『壬生義士伝』のオマージュを書いてみたいと思って執筆した作品でもあります。無名の新撰組隊士である吉村貫一郎という男の凄絶な人生を描いた『壬生義士伝』には非常に感銘を受けました。それで「昭和の壬生義士伝を書いてみたい」というのが、もう一つの動機となりました。

最初は放送作家の仕事の合間を縫って執筆していましたが、やがて仕事をしながらではなかなか完成しないと思いました。時間的なこともありますが、それよりも集中力を削がれるのがつらかったのです。それで、いくつかの仕事を辞めました。

そんなある日、執筆中に家内がそばにやってきて、言いました。

「その原稿、いつ終わるの？」

「一刻も早く書き上げたいと思うけど、完成がいつかはわからへん」

家内は小さなため息をつきました。

「今、家計が大変なんやけど――」

それは迂闊《うかつ》でした。ぎりぎり生活できるくらいは仕事を残していたつもりでしたが、どうも読みが甘かったようです。でも、原稿は半分くらい書き進んでいて、乗ってきたところです。ここは一気に書き上げたいと思っていた私は、家内に言いました。

「とりあえず、書いたところまで読んでくれへんか」

そして原稿をプリントアウトすると、家内にそれを渡しました。家内は黙ってそれを受け取ると、自分の部屋に行きました。三時間後、家内は再びやってきて、私の机の上にプリントアウトした原稿を置くと、静かな声でこう言いました。

「家計のことは私が何とかやりくりするから、これを仕上げてください」

十年前のこの時の家内の言葉を思い出すと、今も感謝の気持ちでいっぱいになります。『永遠の0』はその後、五百万部以上売れる大ベストセラーになりました。でも、その時は書き上げても出版できるかどうかすらわかりません。まして、売れるかどうかなど、雲をつかむような話です。にもかかわらず、家内は「家計は何とかするから、これを仕上げてください」と言ってくれたのです。何という肝《きも》っ玉《たま》かと思います。

数ヵ月後、私は原稿を無事完成させることができました。そして幸運にも出版することができ、小説家として第二の人生に漕《こ》ぎ出《だ》すことができました。そして、デビュー作となった『永遠の0』をはじめ、いくつかのベストセラーを出すまでになりました。

これは結果論ですが、家内の後押しがあったからこそ、『永遠の0』は完成したと思っています。もし家内に「こんな原稿はおいといて、仕事をしろ！」と言われていたら、私はおそらくそうしたでしょう。何度も言うように、小説なんか書き終えても、それがはたして出版できるかどうかもわからなかったのですから。いや、冷静に考えると、出版できる可能性の方がはるかに低いのです。それくらいは私にもわかっていましたから、ひとまず原稿は脇に置き、再びテレビの仕事に取り組んだことでしょう。

ですが、家内は「原稿を仕上げてください」と言いました。あの時、家内がその後の私の人生を予期していたはずはありません。ですが、家内は優先順位の選択を間違えなかったと思います。

「今、夫がやるべきは、テレビの仕事を復活させることではなく、この原稿を書き上げることだ」と思ったのでしょう。

私の話は特殊なケースなので、直接には皆さんの参考にはならないかもしれません。ですが、どんな人の人生にも、「優先順位」の選択を迫られる瞬間は常にあると思います。それを間違わない人が、「人生の成功者」になれるのではないかという気がします。

もちろん何度も言うように、社会的な成功だけが幸福ではありません。本当の幸福の前には、そんなものはたいしたことではないと思っています。でも、社会的な成功以外にも、人生における優先順位の選択は非常に大切なことだと思います。

あとがき

皆さん、いかがでしたでしょうか。私の拙文《せつぶん》から、何らかのヒントのようなものを見つけることができたでしょうか。読者の皆さんが、明日からはもっと言いたいことを言ってみようと思っていただければ、この本を書いた甲斐があります。

メンタルに関してはもう付け加えることは何もありませんが、蛇足《だそく》ながら申し上げることがあるとするなら、「空気を読むな」ということでしょうか。日本人は往々にして自らの意志ではなく、周囲の空気を読んで行動したり、発言したりすることが多いように思います。

ちなみに「空気を読む」という言葉は、英語やフランス語にはないそうですが、そのニュアンスを伝えることさえ難しい言葉だということです。もしかしたら、私たち日本人は長い間そういう独特の「空気」のもとに暮らしてきて、知らず知らずのうちに、「他人の目や評判を気にする」という弱いメンタルを育ててきたのかもしれません。

周囲の人々の立場を慮《おもんぱか》ることや、その心情を忖度《そんたく》することは大切です。しかし、場の雰囲気を壊さないことや、皆の気分をしらけさせることなどを恐れて、自分の生き方や発言を捻じ曲げてしまうようなことは、もうやめにしようではありませんか。己に恥じない生き方をしている自信と誇りがあれば、他人など何も気にすることはありません。空気を読んで生きることほど空しいものはありません。皆が「空気を読む」ことで、この国には多くの問題が停滞しているような気もします。

場の空気を撥《は》ね返《かえ》すことができる強いメンタルを持つ人が増えれば、日本という国も変わっていくのではないかと思っています。

挿画　百田尚樹

百田尚樹　1956（昭和31）年大阪市生まれ。作家。著書に『永遠の0』『ボックス！』『風の中のマリア』『影法師』『幸福な生活』『プリズム』『海賊とよばれた男』『大放言』『カエルの楽園』など多数。

Ⓢ新潮新書

679

鋼《はがね》のメンタル

著　者　百田尚樹《ひゃくたなおき》

2016年８月20日　発行
2017年１月25日　８刷

発行者　佐　藤　隆　信

発行所　株式会社新潮社

〒162-8711　東京都新宿区矢来町71番地
編集部（03）3266-5430　読者係（03）3266-5111
http://www.shinchosha.co.jp

印刷所　錦明印刷株式会社

製本所　錦明印刷株式会社

ISBN978-4-10-610679-8　C0210